अनुक्रम

वाणी प्रकाशन

4695, 21-ए, दरियागंज, नयी दिल्ली-110 002

फ़ोन : + 91 11 23273167, 23275710

शाखाएँ

अशोक राजपथ, पटना-800 004, बिहार

कॉफ़ी हाउस कैम्पस, महात्मा गांधी मार्ग, प्रयागराज-211 001, उत्तर प्रदेश

महात्मा गांधी अन्तरराष्ट्रीय हिन्दी विश्वविद्यालय, वर्धा-442 001, महाराष्ट्र

sales@vaniprakashan.in
vaniprakashan@gmail.com

Smaran Main Hai Aaj Jeevan
by Suryakant Tripathi 'Nirala'

ISBN : 81-7055-801-8

संस्करण : 2002

मूल्य : ₹ 495

जी.एस. ऑफ़सेट, दिल्ली-110 095 में मुद्रित

वाणी प्रकाशन का लोगो मक़बूल फ़िदा हुसैन की कूची से

स्मरण में है आज जीवन

सूर्यकान्त त्रिपाठी 'निराला'

वाणी प्रकाशन

प्राक्कथन

मेरे पूज्य पिता महाकवि निराला के जीवनकाल में अनेक महान व्यक्तियों ने अपनी आत्मकथा लिखी। राष्ट्रपिता महात्मा गांधी, राष्ट्रपति राजेन्द्र बाबू, प्रथम प्रधानमंत्री जवाहरलाल नेहरू तथा मौलाना अबुल कलाम आजाद आदि का नाम विशेष उल्लेखनीय है।

निराला जी दारागंज, इलाहाबाद में अस्वस्थ चल रहे थे तभी कुछ निराला-भक्तों ने उनसे कहा था—"पंडित जी, आप भी अपनी आत्मकथा लिख डालें।" इस पर निराला जी, ने कुछ गम्भीर होते हुए कहा था—"मैं अपने बारे में सब कुछ लिख चुका हूँ, मेरा साहित्य पढ़िये।"

सचमुच, **'निराला की आत्मकथा'** उनके साहित्य के सहस्राधिक पृष्ठों में बिखरी हुई है। अनेक स्थलों में उन्होंने अपने बारे में लिखा है। गद्य एवं पद्य दोनों में उनके आत्मपरक कथ्य बिखरे पड़े हैं। जहाँ भी उन्होंने अपने सम्बन्ध में कुछ कहा, स्पष्ट रूप में तत्कालीन यथास्थिति का वर्णन किया है।

और भी बहुत कुछ जिसे वह नहीं लिख सके, उनके साथ रहने वाले अथवा प्रत्यक्षदर्शियों ने अपने संस्मरणों द्वारा उनकी व्यथा-कथा का हृदय-स्पर्शी उल्लेख किया है। **'निराला की आत्मकथा'** के लिए उनके साहित्य-मंथन से उनके आत्मकथ्यों को संकलित करने का प्रथम प्रयास डा. सूर्यप्रसाद दीक्षित जी के द्वारा हुआ। श्री दीक्षित ने निराला जी के आत्म-संस्मरणों, कथ्यों एवं आत्मपरक वृत्तान्तों का चयन करके उन्हें सुसंयोजित ढंग से क्रमबद्ध कर **'निराला की आत्मकथा'** के रूप में, प्रस्तुतिकरण किया, इसके लिए मैं उनका हृदय से आभारी हूँ।

डा. दीक्षित ने स्वयं लिखा है—"यह आत्मकथा विशुद्ध रूप से निराला जी द्वारा ही विरचित है। इसकी एक भी पंक्ति मेरी नहीं है। शीर्षक-चयन भी निराला-साहित्य से ही किया गया है। आत्मकथा से सम्बन्धित ये अंश निराला की कविताओं, संस्मरणों, कहानियों, उपन्यासों, निबन्धों एवं भूमिकाओं से गृहीत हैं। कहीं-कहीं उनके समर्पण, सम्पादकीय प्रकाशित पत्रों का भी उपयोग किया गया है।

सर्वप्रथम सन् 1971 में स्व. श्री दुलारेलाल जी भार्गव द्वारा **'निराला की आत्मकथा'** का प्रकाशन हुआ। श्री दुलारेलाल भार्गव गंगा पुस्तक माला, लखनऊ के अध्यक्ष थे। इस पुस्तक के लिए श्री भार्गव ने न तो मुझसे अनुमति ही ली और न ही कोई अनुबन्ध मुझसे किया। जबकि पिताजी के निधन के पश्चात् न्यायालय में वह मुझे 'निराला' की समस्त रचनाओं का स्वत्वाधिकारी मानकर रायल्टी देना स्वीकार कर चुके थे। उसके बाद गंगा पुस्तक माला से प्रकाशित सभी निराला जी की पुस्तकों की रायल्टी भार्गव जी प्रतिवर्ष मुझे देते रहे। जब यह पुस्तक बिना मुझसे अनुमति लिए उन्होंने प्रकाशित की तो मैंने भार्गव जी से आपत्ति की। उत्तर में उन्होंने कहा था—"हमारे यहाँ से प्रकाशित निराला जी की सभी पुस्तकों की रायल्टी आपको मिलती है, इसकी भी मिलेगी।" उनके इस आश्वासन पर मैं शान्त हो गया।

सन् 71 के बाद से भार्गव जी अस्वस्थ रहने लगे और गंगा पुस्तक माला की हालत भी बिगड़ने लगी। यद्यपि श्री भार्गव जी के अनुज प्रकाशन एवं दुकान का कार्य देख रहे थे किन्तु श्री भार्गव की दशा बिगड़ने के साथ-साथ प्रकाशन एवं विक्रय की हालत भी खराब होती गई। अन्ततोगत्वा श्री भार्गव के निधन के बाद उनके प्रकाशन को भी मुक्ति मिली और मेरी हजारों की रायल्टी भी उन्हीं के साथ चली गई।

चूँकि प्रकाशन समाप्त हो गया था इसलिए 7-8 वर्ष तक न तो पुस्तकें ही छपीं और न ही रायल्टी मुझे मिली, अतः विवश होकर सभी पुस्तकें मुझे वहाँ से हटानी पड़ीं। वो सभी पुस्तकें अब दिल्ली के 'राजकमल प्रकाशन' से प्रकाशित हैं।

मुझे निराला के विज्ञ पाठकों से पूर्ण आशा है कि पूर्व की ही भाँति निराला की स्मृति स्वरूपा इस कृति को निराला के जीवन का, निराला का प्रामाणिक दस्तावेज मानकर अंगीकार करेंगे।

कह रहा हूँ जो कथा,
बज रही उसकी व्यथा।
तथास्तु।

—गीतिका; निराला

निराला निवास
इलाहाबाद
26 नवम्बर, 1990

रामकृष्ण त्रिपाठी
आत्मज
महाकवि, निराला

पत्रोत्कण्ठित जीवन का विष बुझा हुआ है,
आशा का प्रदीप जलता है, हृदय-कुंज में,
अन्धकार पथ एक रश्मि से सुझा हुआ है
दिङ्निर्णय ध्रुव से जैसे नक्षत्र पुंज में।
लीला का सम्वरण समय फूलों का जैसे
फूलों फले या झरे अफल पातों के ऊपर
सिद्ध योगियों जैसे या साधारण मानव,
ताक रहा है भीष्म शरों की कठिन सेज पर।
स्निग्ध हो चुका है निदाघ, वर्षा भी कर्षित,
कल शारद कल्य की, हैम लोमों आच्छादित,
शिशिर भिद्य, बौरा वसन्त आमों आमोदित,
बीत चुका है दिक् चुम्बित चतुरंग, काव्य, शार्त
यति वाला, ध्वनि, अलंकार, रस, राग बन्ध के
वाद्य छन्द के रणित गणित छुट चुके हाथ से
क्रीड़ाएँ व्रीड़ा में परिणत मल्ल मल्ल की
मारें मूर्च्छित हुईं, निशाने चूक गए हैं
झूल चुकी है खाल-ढाल की तरह लेनी थी
पुनः सबेरा एक और फेरा है जी का।

यह सच है

मैं कान्यकुब्ज ब्राह्मण[1], डाकखाना चमियानी, मौज़ा गढ़ाकोला, जिला उन्नाव का कदीमी बाशिंदा। मेरा, नहीं, मेरे पिताजी का, बल्कि उनके भी पूर्वजों का वहीं पुश्तैनी मकान।[2] मेरा उपनाम 'निराला' 'मतवाला' के अनुप्रास पर आया था।[3]

उम्र 45 वर्ष, शरीर 5 फीट, साढ़े ग्यारह इंच लम्बा; छाती 39 इंच चौड़ी। हृष्ट-पुष्टांग न तु स्थूलकाय! अक्षर हूँ, न साक्षर, और न निरक्षर। सगा यानी माता-पिता, भाई-बहन, चाचा-चाची, स्त्री संसार में कोई नहीं। सब थे, किन्तु 1918 के इन्फलुएंजा में सब गुजर गए।[4]

अपने राम के लकड़दादा के लकड़दादा के लकड़दादा राजा बीरबल त्रिपाठी अकबर के चेले थे। तब से वंश में त्रिपल लकड़दादा का प्रभाव-महापुरुषत्व का असर है।[5]

मेरे पिता-पितृव्य स्टेट (महिषादल) में फ़ौजी अफ़सर थे। गण्यमान्य थे। मेरा जन्म वहीं हुआ, शिक्षा वहीं मिली।[6]

मैं एक साधारण विज्ञ मनुष्य हूँ। जीवन का लक्ष्य निरे बाल्यकाल से है—परम पद-लाभ।[7]

मैं अगर हिन्दी के मैदान से खदेड़ा हुआ मनुष्य हूँ, तो राष्ट्र-भाषा के स्वयंवर में महारिथयों के मुकाबले में अक्षय शब्दास्त्र-शिक्षा के बल पर लक्ष्य का भेद करने वाला भी।[8]

लिखते जो श्रम किया, उसका पारितोषिक उपेक्षित भाषा-साहित्य के लोग नहीं वितरित कर सके।

अंडे तोड़कर निकलने से पहले खड़खड़ाते हुए जिन्होंने भुझ पर आवाज़ें कसीं, उनके सम्राटों द्वारा अनधिकृत साहित्य की स्वर्ग-भूमि से मैंने हीरे-मोती उन्हें दान में दिए हैं।[10]

1,4,6,7. आचार्य महावीरप्रसाद द्विवेदी को लिखा गया पत्र, 2. चतुरी चमार, 3. अनामिका : समर्पण, 5. कुल्लीभाट, 8. मनसुखा का उत्तर, 9. अपरा, 10. अलका : वेदना

कलंक मुझे बहुत मिल चुका है, पर गर्द सूर्य तक नहीं पहुँचती, नीचे ही वालों पर रहती है।[1]

एक दिन वह था, जब हिन्दी संसार एक तरफ और मैं अपने अभिन्न महाशय के साथ एक तरफ।[2]

मुझे हिन्दी का मुख देखना अच्छा लगा। मेरे प्रति बड़े-बड़े अधिकांश साहित्यिकों की विमुखता का यही कारण है—मैंने सदैव हिन्दी का मुख देखा है।[3]

मैं जीवन के पीछे दौड़ा, जीव के पीछे नहीं। जीवन के पीछे चलनेवाला जीवन के रहस्य से अनभिज्ञ नहीं होता।[4]

मैं एक स्वतन्त्र साहित्यिक, एक पहुँचा दार्शनिक, जिससे आगे और नहीं, या जिससे ज्यादा और बन नहीं पड़ता।[5]

मुझे किसी की आलोचना से, किसी की तारीफ़ से आगे आने की अपेक्षा नहीं रही। मैं खुद तमाम मुश्किलों को झेलता हुआ, अड़चनों को पार करता हुआ सामने आया हूँ।[6]

मैं शुरू से विरोध के सीधे रास्ते चलता रहा।[7]

पत्रों के संपादकों और वृद्ध साहित्यिकों की हास्यक्रूर वक्र दृष्टि से साहित्य की रक्षा करता रहा।[8]

ईश्वर, सौंदर्य, वैभव और विलास का कवि हूँ, मैं फिर क्रांतिकारी![9]

मैं कविता लिखने की कोशिश में ही बिगड़ा हूँ।[10]

मैं अलक्षित हूँ।[11]

मेरी चीज़ों की आम जनता में कद्र नहीं हुई है।[12]

यही 'हिन्दी का स्नेहोपहार है'।[13]

मैं जीर्ण साज बहु छिद्र आज
ब्राह्मण समाज में ज्यों अछूत
मैं रहा आज यदि पार्श्वच्छवि
मेरा आलोचक एक बीज।[14]

मुझे बराबर पेट के लाले रहे, पर फ़ाक़ेमस्ती में भी परियों के ख्वाब देखता रहा।[15]

मैं खड़ी बोली का वाल्मीकि नहीं, पर 'भयो सिद्ध करि उलटा जापू' अगर

---

1. मेरे गीत और कला, 2. मेरे गीत और कला, 3,4,5,6,12. गाँधी जी से बातचीत, 7. प्रबन्ध प्रतिमा, 8. चयन, 9. कुल्लीभाट, 10. देवी, 11. अपरा, 13. सरोज-स्मृति, 14. 'हिन्दी के सुमनों के प्रति' (अपरा), 15. देवी, 16. मेरे गीत और कला

किसी पर खप सकता है तो हिन्दी के इतिहास में मात्र मुझ पर।[16]

मैं जो कुछ लिखता हूँ, साहित्य समझकर। नहीं बन पड़ता, मेरी कमजोरी। लोग क्या चाहते हैं, लोग जानें। मैं क्या देता हूँ, मैं समझता हूँ।[1]

मैं पढ़ा जा चुका पत्रन्यस्त!

---

1. मेरे गीत और कला

जब कड़ी मारें पड़ी![1]

मैं बचपन में आज़ादी-पसन्द था। दबाव नहीं सह सकता था। खास तौर से वह दबाव, जिसकी वजह न मिलती हो। एक घटना, अप्रासंगिक न होगी, कहूँ। मैं आठ साल का था। पिताजी[2] जनेऊ करने गाँव[3] आए थे। गाँव के ताल्लुकेदार प. भगवानदीनजी दुबे थे। उन्होंने एक पतुरिया बैठाई थी। उससे एक लड़की और तीन लड़के हुए थे। जब की बात है, तब प. भगवानदीन जी गुज़र चुके थे। ताल्लुका उनकी धर्म-पत्नी से पैदा हुए पुत्र के नाम था। एकाएक मर गए थे, इसलिए पतुरिया को और उससे पैदा हुए लड़कों को अचल सम्पत्ति कुछ नहीं दे जा सके थे।

बाद को वसूली में पतुरिया के लड़के अड़चन डालते थे, इसलिए उनके अधिकारी भाई ने खाने के लिए उन्हें कुछ बाग़ात और मातहत खेत दिए थे। मज़े से गुज़र होता था। पतुरिया थी। उसके लड़कों के नाम हैं—शमशेरबहादुर, जंगबहादुर, फ़तहबहादुर और लड़की का नाम परागा।

सबसे छोटे फ़तहबहादुर मुझसे आठ साल बड़े थे। चौधरी पं. भगवानदीन जी ने सबसे बड़े शमशेरबहादुर को बड़े प्रयत्न से शिक्षा दिलाई थी। मैंने उनका सितार बाद के जीवन में सुना है। वह वाक्य प्रशंसा के साथ मुझे अब तक याद है। शमशेर का उन्होंने जनेऊ भी किया था, और कहते हैं, जनेऊ-भोर के ब्रह्मभोज में अपनी ताल्लुकेदारी के और प्रभाव में आए और-और ब्राह्मणों को आमंत्रित करके खिलाया भी था। इसके बाद शमशेर का एक विवाह भी किया था। लड़की ख़ालिस ब्राह्मण-घर की नहीं, बाला-ब्राह्मण विधवा मिली, उससे किया। तब से यह परिवार अपने को ब्राह्मण समझता है। ज़रूरत पड़ने पर ये लोग शमशेरबहादुर दुबे, जंगबहादुर दुबे लिखकर सही करते हैं। अपनी माँ पतुरिया को उसी तरह भोजन देते थे, जैसे एक हिन्दू यवनी को देता।

इतने पर भी ताल्लुक़ेदारसाहब की आँखें मूँदने के साथ-साथ गाँव के लोगों

---

1. परिमाल, 2.पं. राम सहाय, 3. गढ़ा-कोला

ने इनकी तरफ़ से भी मुँह फेर लिया। इनके यहाँ का पान-पानी गाँव तथा खेड़े के चारों ओर बात-की-बात में बन्द हो गया।

जब मैं गया, तब ये इसी अचल अवस्था में थे। प्रतिशोध की ताड़ना से इन्होंने गाँव तथा ग्वेंड़ के हर घर का इतिहास कंठाग्र कर रखा था और, अधिकारी-अनधिकारी, जो भी इनसे भली तरह बातें करता था, उसे घेरकर घण्टों सुनाते रहते थे।

गाँव आने पर इसी ख़ानदान का मुझ पर सबसे ज़्यादा प्रभाव पड़ा। यही मुझे आदर्श आदमी नज़र आए—चेहरे-मोहरे के, बातचीत के, उठक-बैठक के। तब मेरा जनेऊ नहीं हुआ था, इसलिए खान-पान की रोकथाम न थी। पतुरिया मुझसे स्नेह करती थी, खिलाती थी, और लतीफ़े सुनाती थी। नए ढंग के कुछ दादरे और ग़ज़लें सिखाई थीं।

एक दिन उनके छोटे लड़के ने, जिनका मुझ पर ज़्यादा प्रभाव था, कहा, "तुम्हारे बड़े चाचा[1] हमारे यहाँ नौकर थे। हमारे घोड़े ने उनका हाथ काटकर बेकाम कर दिया था, तब हमने माफ़ी दी थी। वह ज़मीन आज भी तुम्हारी चाची जुताया करती है।"

यह बात सच है, लेकिन ताल्लुक़ेदार भगवानदीन ने जब माफ़ी दी थी, तब उनके यह पुत्र-रत्न भूमिष्ठ नहीं हुए थे। मैं तब यह इतिहास नहीं जानता था। मुझे मालूम पड़ा, यह सब इन्होंने किया है।

इसके बाद कहा, "अभी तुम हमारे यहाँ का खाते हो, जब जनेऊ हो जाएगा, न खाओगे।"

मैंने खुदबखुद सोचा, "यह अन्याय है। अगर आज खाते हैं, तो कल क्यों न खाएँगे?"

परागा बहन ने कहा, "बदलू सुकुल के यहाँ महुए की लप्सी खाओगे, हमारे यहाँ हलुआ नहीं।"

मुझे झेंप मालूम दी। मैं हलुआ छोड़कर लप्सी नहीं खाता, मन में कहा। कुछ दिन बाद[2] जनेऊ हुआ। अब तक इस घर के आदमी-आदमी ने बग़ावत के लिए मुझे तैयार कर लिया था। मैं प्रतिज्ञा कर चुका था कि जनेऊ चाहे तीन बार हो, लेकिन मैं यहाँ भोजन न छोड़ूँगा। इनकी बातें मुझे संगत मालूम देती थीं। अगर गाँववाले कभी इनके यहाँ खाते थे, तो अब क्यों नहीं खाते ?

जनेऊ हो जाने के दूसरे रोज़ पिताजी ने एकान्त में बुलाकर मुझसे कहा—"अब आज से, खबरदार, पतुरिया के घर का खाना-पीना मत।"

---

1. गयादीन 2. अप्रैल 1970 ई.

मैंने कहा—"पतुरिया का छुआ तो उनके लड़के भी नहीं खाते-पीते।" पिताजी ने कुछ समझाकर कहा होता, तो मेरी समझ में बात आई होती, उन्होंने डाँटकर कहा—"उसके हाथ का भी मत खाना।"

मैंने पूछा—"जब ताल्लुक़ेदार थे, तब आप लोग उनका छुआ खाते थे ?"

पिताजी ने होंठ चबाकर कहा—"हम जैसा कहते हैं, कर।"

यहीं मैं कमज़ोर था। दिल से बात न मानी। जनेऊ के बाद दो-तीन दिन कहीं न गया, जनेऊ चढ़ता-उतरता रहा। दिन-भर में कितने जनेऊ बदलने पड़ते थे। जनेऊ के बाद दो दिन पतुरिया के घर न गया; लोगों की धारणा बँध गई, मैं रोक दिया गया, और बात मैंने मान ली।

तीसरे या चौथे दिन पं. फ़तहबहादुर दुबे कुएँ पर नहाने का डौल कर रहे थे, एकाएक मैं पहुँचा। मुझे देखकर वह मुस्कुराए। मेरे दिल में जैसे तेज़ तीर चुभा। बड़ा अपमान मालूम दिया। मैंने उनके पास पहुँचकर कहा, "भैया, पानी पिला दीजिए।"

भैया प्रसन्न हो गए। डोल से लोटे में पानी लेकर मुझे पिलाने लगे। पिलाते वक़्त उन्हें गर्व का अनुभव हो रहा था। मुझे भी खुशी थी, जैसे कोई क़िला तोड़ा हो। उन्होंने गाँव के और लोगों को देखकर अपने ब्राह्मणत्व का गर्व किया था, मैंने अपनी प्रतिज्ञा-रक्षा का।

जिन पर भैया फ़तहबहादुर ने फ़तह पाई थी, उनमें भी सिर उठाने का हौसला कम न था। वे पिताजी के पास गए, और सिर उठाकर कहा, "आपका लड़का सबके सामने पतुरिया के छोटे लड़के का भरा पानी उन्हीं के लोटे से पी रहा था। अभी नादान है, इसलिए इस दफ़ा माफ़ किए देते हैं; फिर अगर ऐसी हरकत करते देखा गया, तो हमें लाचार होकर आपसे व्यवहार तोड़ना होगा।"

पिताजी पहले आज्ञा दे चुके थे, फिर ब्राह्मणों ने बात सभ्य ढंग से कही थी, पिताजी का क्रोध सप्तम सोपान पर पहुँचा। एक तो सिपाही आदमी, फिर हृष्ट-पुष्ट, इस पर व्यक्तिगत और जातिगत अपमान! कहा है, "सबसे अधिक जाति-अपमाना।" जाते ही मुझे पकड़कर फ़ौजी प्रहार जारी कर दिया। मारते वक़्त पिताजी इतने तन्मय हो जाते थे कि उन्हें भूल जाता था कि दो विवाह के बाद पाए हुए इकलौते पुत्र को मार रहे हैं। मैं भी, स्वभाव न बदल पाने के कारण, मार खाने का आदी हो गया था। चार-पाँच साल की उम्र से अब तक एक ही प्रकार का प्रहार पाते-पाते सहनशील भी हो गया था, और प्रहार की हद भी मालूम हो गई थी।

जब पिताजी के बिजली के हाथ छूट रहे थे, मैं चिल्लाता हुआ उनकी पहले

की मारें याद कर रहा था—"एक दफा जाड़े के दिनों में रात आठ बजे मैंने बग़ल का बाड़ी में पाख़ाने की हाजत रफ़ा की, और योरपियनों के काग़ज का काम बैंगन के पत्तों से लिया, फिर भोजन के लिए रसोई जाना ही चाहता था कि भाभी[1] ने रोक दिया। उन्होंने झरोखे से मुझे देख लिया था। पिताजी से यथातथ्य कह दिया। पिताजी पहले गरजे, फिर एक हाथ से मेरी बाँह पकड़कर टाँग लिया, और ताल की ओर ले चले उसी तरह टाँगे हुए। वहाँ उसी तरह पकड़े हुए डुबा-डुबा कर नहलाने लगे, 'सौंचता जा, सौंचता जा' कहते हुए। जब अपनी इच्छा भर नहला चुके, तब प्रहार के ताप से जाड़ा छुटाने लगे।

याद आया—एक बार एकान्त में मैंने पिताजी को सलाह दी थी—तुम्हारे मातहत इतने सिपाही हैं। तुम इस राजा को लूट क्यों नहीं लेते ? पिता ने सोचा, यह किसी दुश्मन की सिखाई बात है, जो उनकी नौकरी लेना चाहता है। मुझे मार-मारकर अपने दुश्मन का भूत उतारते हुए पूछने लगे कि किसने सिखलाया है ? मैं किसका नाम बतलाता ? वह उद्भावना मेरी ही थी। मैं जितना ही कहता था, यह बात मेरी ही सोची हुई थी, पिताजी उतना ही सन्देह करते और मार-मारकर पूछते जाते थे। मैं कुछ देर बाद बेहोश हो गया था।"

चाँटे की ताल-ताल पर पिताजी कबूल करा रहे थे, कि फिर तो मैं पतुरिया के यहाँ का पानी न पिऊँगा ? मैं स्वीकार कर रहा था। किसी तरह छुट्टी मिली।

दो-तीन दिन का समय दर्द अच्छा होने में लगा। एक दिन मैं बाहर निकला कि दुर्भाग्य से फिर वैसा ही प्रकरण आ पड़ा। गाँव के मुखिया क्रोध से भरे हुए, गाँव के लोगों की धर्म रक्षा के विचार से गए, और गम्भीर होकर नाम लेते हुए कहा—"क्या तुम दूसरों का धर्म लेना चाहते हो ? आज तुम्हारा लड़का पतुरिया के लड़के से लेकर भुने चने चबा रहा था। आज से गाँव के ब्राह्मणों में तुम्हारा व्यवहार बन्द है।"

ओज की मात्रा पिताजी में उनसे अधिक थी। फिर मुखिया ने ये बातें डाँट के साथ कही थीं। व्यक्तिगत बात को व्यक्तिगत रूप देते हुए! उन्होंने कहा—"तू हमारा पानी बन्द करेगा ? तू पासी का है, गाँव में जा और पूछ, तेरी लड़की पटने में क्या कर रही है ? हम अपनी आँखों देख आए हैं। माना कि चौधरी भगवानदीन का काम बेजा था, लेकिन तब उनके सामने कहते! नहीं, जब तक वह जिए, इन्हीं लड़कों की (अंग विशेष का उल्लेख कर कहा) धो-धोकर पीते रहे, अब सब छंगे के बने फिरते हो ? शहर में होते तो देखते हम, कितने आदमियों का बम्बे का पानी और डॉक्टर की दवा छुड़ाते हो। यहाँ क्या नाम

1. अग्रज बदलू की पत्नी

के, करने को कौन-सा काम और गाने को छीताहरन।

मुखिया का थूक सूख गया। विशेष अस्वस्थ हों जैसे। धीरे-धीरे लौटे।

पिताजी ने गम्भीर स्नेह-स्वर से पुकारा—"अरे ये मुखिया, तमाकू खाए जाओ।"

साधना की, सिद्धि की क्या*

मेरे एक भाभी थीं—सगी नहीं, ताऊ[1] की बहू। उनसे मेरे प्रेम की बात का अन्दाजा आप लगा सकते हैं—जब मैं पाँच साल का था, तब वह अठारह साल की गौने आयी हुईं। तभी से उनका जो प्रभाव मुझ पर पड़ा...

लेकिन फिर भी, जिन्दगी के पहलू बदलते हैं, मिठाई के साथ कुछ खटाई भी चलती है। मीठी भाभी की एक खटाई की याद आयी है। कहता हूँ :

घर में दूसरी औरत न थी। मैं ढाई साल का था, जब माँ[2] मरी थीं। रोटी पकाने का सवाल बड़े भाई साहब की शादी से हल किया गया था। भाभी का आना और मेरा मदरसा जाना करीब-करीब साथ-ही-साथ हुआ। भाभी के दो चिरंजीव हो चुकने तक यह क्रम जारी रहा—यानी उनकी मिठाई के साथ इस खटाई का प्रयोग न हुआ था, जैसे सुप्रसिद्ध गाँधी-भक्त काका कालेलकर का ताड़ी-प्रयोग। यह जरूर है कि काका साहब जैसे महान व्यक्ति हैं, वैसे उनके ताड़ी-प्रयोग में कइयों को जान देनी पड़ी, पर मेरी भाभी की खटाई में किसी को जान लेने-देने की जरूरत नहीं हुई।

मैं तेरहवें साल में था। तेरहवें साल तक की तालीम की तालिका की जरूरत न होगी। लेकिन, पृथ्वी सन्तरे की तरह गोल है, सूरज के चारों ओर घूमती है, आदि अद्‌भुत बातों से भाभी पर मैंने अपना काफी प्रभाव डाल लिया था। इसी समय उन पर अधिक प्रभाव पड़ने की एक घटना और हुई। मेरे हाथ किसी तरह उन दिनों 'इन्द्रजाल' की एक किताब लग गई थी। उसमें मारन-मोहन, वशीकरण-उच्चाटन आदि के जन्त्र-मन्त्र-तन्त्र लिखे थे। भाभी उस किताब को जितने ताज्जुब से देखती थीं, ताजमहल, दि ग्रेट इमामबाड़ा, म्युजियम और चिड़ियाखाने के दोनों तरफ बराबर रेंगनेवाले साँप को भी उतने से नहीं। इसी समय, एक रोज़, रात के नौ बजे, भाभी अकेली अपने सोने वाले कमरे में थीं। मंगल का दिन। मैं कमरे में ही था। सहसा मुझे इन्द्रजाल की एक बात याद आयी। मैंने तड़ाक से दरवाजा बन्द कर दिया, और

---

* सान्ध्य काकली, 1. अजोध्या प्रसाद के पुत्र बदलू की पत्नी, 2. रुक्मिणी देवी

चट से धोती उतारकर फेंक दी। भाभी घबरायीं। मैंने कहा, "भाभी मैं आज एक मन्त्र सिद्ध करूँगा।" भाभी हतप्रभ होकर, एकटक, मुझे देखने लगीं। बात उनकी समझ में तब आई, जब मैंने जूता उठाया और नंगे-नंगे लगा छछूँदर के पीछे चक्कर काटने, क्योंकि उलटे जूते से मारना था। छछूँदर-सिद्धि का प्रयोग, इन्द्रजाल में, ऐसे ही लिखा था।

बड़े ही परिश्रम के बाद, उलटे जूते से, मैंने छछूँदर मारी और नंगे-ही-नंगे, एक हाँडी में भरकर बाहर ले जाकर एक जगह उसे गाड़ा। लौटकर धोती पहनी।

दूसरे ही दिन बात बिजली की तरह घर-घर फैली। लोगों को, खासतौर से स्त्रियों को, पक्का विश्वास हो गया कि मैं सिद्ध हूँ। भाभी अपनी सारी शक्ति खर्च करके मेरा प्रचार कर रही थीं। भाई साहब ने भी सुना, लेकिन मेरे मारन-मोहन और वशीकरण-उच्चाटन में सिद्ध होने के डर से मुझसे बोले नहीं। कुछ ही दिन के अन्दर चारों ओर से बुलावे आने लगे—तरह-तरह के रोग झाड़ देने के लिए। इन्द्रजाल में लिखे अनुसार मैं रोगी का इलाज भी करने लगा और अपनी सिद्धि में मुझे भी शंका न रही, जब मेरे इलाज से लोग अच्छे होने लगे—यहाँ तक कि बुखार भी उतर जाने लगा।

पड़ोस में एक सुकलाइन रहती थीं। सुकलाइन शब्द में जितना बुढ़ापा है, उतनी ही उनमें जवानी। रिश्ते से वह मेरी बहिन लगती थी। दुस्साहसिक कार्य दो-एक उन्होंने किए थे, इसलिए भय कम था। भाभी भय की मूर्ति थीं। दोनों में मेरे सिद्ध होने और न होने का तर्क छिड़ा। भाभी इसी पक्ष में थीं कि मैं सिद्ध हूँ, बहिन इस पक्ष में कि सब ढोंग है।

इसी समय भाभी ने मुझे बुलाया। अपने तर्क की बात छिपाकर मुझसे कहा, "लोग कहते हैं, तुझे जन्त्र-मन्त्र कुछ नहीं आता। तू ढोंग करता है।"

मुझसे बात सही न गई। मैंने अकड़कर कहा, "जिसको विश्वास न हो, आजमा लो।"

भाभी ने कहा, "अच्छा आज देखती हूँ तेरी करामात। तू जो कुछ करना चाहता हो, कर।"

मैंने कहा, "अच्छा तो मैं वशीकरण करता हूँ।"

यह कहकर मैं बाहर निकल गया और कनेर के पेड़ से एक फूल तोड़ लाया। मुझे विश्वास था ही कि मैं सिद्ध हूँ, मेरा मन्त्र सच है। भाभी की तरफ देखकर कहा, "मैं मन्त्र पढ़कर यह फूल दूँगा। इसे लेना होगा। बस, इसके बाद मैं सिद्ध हूँ या नहीं, देख लेना।"

भाभी को विश्वास था ही। वह घबरायीं। उन्होंने कहा, "नहीं, मुझे नहीं

चाहिए। यही कहती हैं कि तुझे कुछ नहीं आता। इन्हें फूल दे।''

बहिन जी भीतर से तो हिल गईं, लेकिन फिर भी अपनी शेखी दिखलाते हुए मुझसे पूछा, ''इस वशीकरण से क्या होगा ?''

मैंने कहा, ''मन्त्र के जोर से हमेशा मेरे पीछे लगे रहना होगा। मैं जहाँ-जहाँ जाऊँगा, पीछे-पीछे जाना होगा।''

बहिन जी हार गईं। उन्होंने भाभी से कहा, ''भई, मैं बहिन हूँ, मैं कैसे फूल लूँ! तुम भाभी हो, तुमको उतना दोष नहीं।''

भाभी ने सिर पर सवार होते हुए कहा, ''तो फिर क्यों कहती थीं सिद्ध नहीं है ? मैंने तो अपनी आँखों देखा।''

वंश-मर्यादा की रक्षा

वंश-मर्यादा की रक्षा के लिए विवाह बचपन[1] में हो गया था। मेरी शादी ज्योतिष-शास्त्रानुसार नहीं बनती थी। मैं मंगली था। ससुरजी[2] इनकार कर रहे थे, लेकिन ज्योतिषी गिरिजादत्त त्रिपाठी[3] के पूज्य पिता वहाँ के बृहस्पति थे। सब उन्हें मानते थे। उन पर सबकी श्रद्धा थी, न जाने किस तरह मनाकर मेरे ससुरजी को विवाह करने के लिए समझाया। कहा—"विवाह बहुत अच्छा है। अगर लड़की को कुछ हो जाएगा, तो बुरा नहीं। फिर जहाँ लड़का मंगली है, वहाँ लड़की राक्षस है। पटरी अच्छी बैठती है।"

मेरे पिताजी ने उनकी खुशामद की होगी, सन्देह नहीं। कारण, मेरे ससुरजी की लड़की उनकी पुत्र-वधू हो, कई साल से उनका ध्यान था। मैं जानता था।

मैंने सोलहवाँ पार किया। याद है, एक दिन पं. रागुलाम[4] ने पिताजी से कहा था—"लड़के का कंठ फूट आया, बग़लें निकल आईं, मसें भीगने लगीं, अब बबुआ नहीं है, गौना कर दो। हो भी तो हाथी गया है। लड़ता है, सुनते हैं।"

"हाँ।" कहकर पिताजी चिन्ता-मग्न हो गए थे।

इसी तरह, जब गौना लेने गए, श्रीमतीजी[5] तेरहवाँ पार कर चुकी थीं—कुछ दिन हुए थे, उनकी किसी नानी ने कहा था उनकी अम्मा से—मैं वहीं था, हम दोनों की गाँठ जोड़कर कौन एक पूजा की जा रही थी—मदनदेव की अवश्य नहीं थी। उन्होंने कहा था—"दामाद जवान, बिटिया जवान; परदेस ले जाते हैं तो ले जाने दो।"

गौना हुआ। बड़ी बिपत। गाँव में प्लेग। लोग बाग़ों में पड़े। हमारा एक बाग़ गाँव के क़रीब है। प्लेग का अड्डा होता है, लोग वहाँ झोंपड़े डालते हैं। हम लोग बंगाल से आए थे। उसी दिन लोग निकलने लगे। आखिर एक महुए के नीचे दो झोंपड़े डलवाकर पिताजी मुझे और कुछ भैयाचार-नातेदारों को लेकर गौना

---

1. 1910 ई., 2. पं. रामदयाल दुबे, 3. गढ़ाकोला निवासी एक व्यक्ति विशेष, 4. क्षेत्रीय प्रसिद्ध ज्योतिषी 5. मनोहरादेवी।

लेने चले।

जेठ के दिन। इससे पहले यू.पी. की लू नहीं खाई थी। ख़ैर, गौना हुआ, और एक झोंपड़े में एक रात हम लोग क़ैद किए गए। जो बातें नहीं सोची थीं श्रीमती जी के स्पर्श मात्र से वे मस्तिष्क में आने लगीं। प्रौढ़ता के अन्त तक उनसे अधिक प्रौढ़ बातें नहीं आतीं। खैर, हम पूरे जवान हैं, हम दोनों समझे।

पाँचवें दिन ससुरजी बिदा कराने आए। ससुरजी इसलिए भी आए कि गाँव का पानी नहीं पिएँगे, इसलिए शाम तक विदा करा ले जाएँगे। पिताजी को बहुत बुरा लगा। वह बंगाल से उतना रुपया ख़र्च करके आए थे, मात्र पाँच दिन के लिए नहीं। ससुरजी सुबह की गाड़ी से आए थे। मैं रात का जगा था। सो रहा था। बातचीत नहीं सुनी। बाद को गाँव के एक भैया से सुनी। मेरी जब आँख खुली, तब ससुरजी अपनी लड़की को बिदा कराके ले जा चुके थे। सुना, प्लेग के भय से वे लड़की को इतनी जल्दी बिदा कराने आए थे।

पिताजी ने उन्हें इस पर बहुत फटकारा। कहा, यह भय हमारे लड़के के लिए आपको नहीं हुआ ? अगर ऐसे आपके मनोभाव हैं, तो हम दूसरा विवाह कर लेंगे।

पिताजी के तर्कपूर्ण कथन का, मुमकिन है ससुरजी पर प्रभाव पड़ता, लेकिन ससुरजी थे बहरे। वह अपनी कहते थे, और देख रहे थे कि बिदाई की तैयारी हो रही है या नहीं। उधर ससुरजी की पुत्री अपने पिता और ससुर के कथोपकथन को एकनिष्ठ होकर सुन रही थी। पिताजी पुत्र की दूसरी शादी कर लेंगे, प्रभाव अनुमेय है। झल्लाहट में पिताजी ने बिदा कर दिया, और स्टेशन पहुँचा देने को बहल बुला दी।

दूसरे दिन नाई आया सासुजी[1] की एक लम्बी चिट्ठी लेकर। 'क्षमा' शब्द का अतिशय प्रयोग। ससुरजी कम सुनते हैं। आज्ञा-पालन में त्रुटि हुई। बुलाया। 'गवहीं' पहले नहीं ली, अब ले लें। बड़ी दीनता। यह भी लिखा था—"मेरी दो दाँत की लड़की, उसके सामने दूसरे विवाह की बात।"

पिताजी पिघले। मुझसे बोले—"ससुराल जाव। लेकिन यहाँ से तिगुना खाना।"

मैंने कहा—"घी और बादाम तिगुने करा लूँगा। बेदाना तो वहाँ मिलते नहीं, अन्यथा शरबत में तीन रुपए लग जाते रोज़।"

पिताजी ने कहा, "रूह-रूह की मालिश करना रोज, होश दुरुस्त हो जायँगे!"

शाम चार बजे वाली गाड़ी से चलने की तैयारी हो गई। दुपहर ढलते नौकर बिस्तर-बाक्स लेकर भेज दिया गया। मैं पिताजी के उपदेश धारण कर ढाई बजे के क़रीब रवाना हुआ। ठाट बंगाली-धोती, शर्ट, जूता, छाता। आँख में भी बंगाल

1. पार्वती देवी

का पानी। बाक़ी देश जंगल या रेगिस्तान दिखते थे।

बंगालियों की तरह मैं भी मानता था कि आर्य बंगाल पहुँचकर ही सही माने में सभ्य हुए। विशेषतः अँगरेज़ों के आने के बाद से। महुए की छाँह और तर किए झोंपड़े के अन्दर यू.पी. की गर्मी का हिसाब तब न लगता था। बाहर खाई पार करते ही लू का ऐसा झोंका आया कि एक साथ कुंडलिनी जैसे जग गई।

फिर भी पैर पीछे नहीं पड़े। बंगाल की वीरता और प्रेमासक्ति बैक कर रही थी। पैर उठाकर सामने रखते ही लीक के खड्ढ में डेढ़ हाथ खाले गया, और मैं गुड़ीगुड़ंता के डंडे की तरह गुड़ा; लेकिन स्पोर्ट्समैन था, झड़बेर की झाड़ी तक पहुँचते-पहुँचते अड़ गया। देह गर्द-बर्द हो गई। मुँह में क्रीम लग गया था। घाव पर जैसे आयडोफ़ार्म पड़ा।

लेकिन धन्यवाद है सूरदास को, मुझे लज्जित होने से बचा लिया। कलकत्ते से 'बिल्वमंगल' नाटक देखकर आया था—दूसरी जीवनियाँ भी पढ़ी थीं, लाश पकड़कर नदी पार करने और साँप की पूँछ पकड़कर मंज़िल चढ़ने के मुक़ाबिले यह अति तुच्छ था। फिर वहाँ वेश्या, यहाँ धर्म-पत्नी। आगे बढ़ा। एक झोंका और आया। मालूम हुआ, इस देश में धूप से ज्यादा गर्मी हवा में है। फिर भी हवा के प्रतिकूल चलना ही होगा। कड़ाई से पैर आगे बढ़ाया। ठकाका जूते ने काँकर से धोके से ठोकर ली, और मुँह फैला दिया। सोचा, बाक्स में एक जोड़ा और है नया। तसल्ली हुई, फिर आगे बढ़ा। एक झोंका और आया। अब के छाता उलटकर दूसरी तरफ तना। हवा के रुख़ पर करके, सुधारकर तोड़ लिया।

आगे लोन नदी आई, जो आठ महीने सूखी रहती है और जिसके किनारे संसार के आधे बेर-बबूल हैं। शायद इसी कारण इस प्रांत का नाम कभी बनौघा था—"बारह कुँवर बनौघे केर।"[1]

आज इसी भाग का नाम बैसवाड़ा है। इस समय बैस राजाओं तथा ताल्लुक़ेदारों की छोटी-छोटी रियासतें यहाँ से अवध तक दूर-दूर फैली हुई हैं, और कई जिलों में भाषा-साम्य भी प्राप्त होता है, फिर भी बैसों की मुख्य राजधानी यही उल्लिखित पवित्र कान्यकुब्ज भूमि है। आज आमों के विशालकाय उपवन एक दूसरे से सटे कोसों तक फैलते चले गए हैं। यदि इस विस्तृत भू-खंड को शत-योजनायत एक रम्य कानन कहें, तो अत्युक्ति नहीं होगी। उपवन तथा जनाकीर्ण जनपद मुसलमानों के राज्य-काल में भी समृद्ध थे, देखने पर मालूम हो जाता है। गंगा की उपजाऊ तट-भूमि, धौत-धवल मंदर-तुल्य मंदिर, कारुकाय-खचित द्वार; दिव्य भवन; देव-वाणी तथा देव-सरि का आर्य-भावानुसार सहयोग, खुली गोचर भूमि; सुखद स्पर्श मंद-मंद

1. कुल्ली भाट

पवन-वाह, अनिंद्य हिन्दी के मँजे कंठ से निकले ग्राम-गीत किसी भी दर्शकभ्रमणकारी को तत्काल मुग्ध कर लेंगे। स्वतंत्रता-प्रेम भी अधिक था; क्योंकि छोटी-सी जगह में बारह कुँवर थे।[1]

धोती कोछेदार बंगाली पहनी थी। एक जगह उड़ी, और बेर की बाँहों से आलिंगन किया, न अब छोड़े, न तब;—गुलों से खार बेहतर हैं, जो दामन थाम लेते हैं—याद आया, पर बड़ा गुस्सा लगा। सैकड़ों काँटे चुभे हुए। धोती छप्पनछुरी हो रही थी। छुड़ाते नहीं बनता था। देर हो रही थी। आख़िर मुट्ठी से कोछे को पकड़कर खींचा। धोती में सहस्रधार गंगा बन गई, उधर बेर सहस्र-विजय-ध्वज।

धोती क़ीमती थी—शांतिपुरी। खास ससुराल के लिए ली गई थी, जैसे प्रसिद्ध लेखक ख़ास पत्र के लिए लेख लिखते हैं। सांत्वना हुई कि कई और हैं। नदी-गर्भ से ऊपर आया। कुछ दूर पर बेहटा श्मशान मिला।[2] दो ही मील पर देखा, दुर्दशा हो गई है, जैसे धूल का समंदर नहाकर निकला हूँ। स्टेशन मील-भर रह गया था। गाड़ी का अर्राटा सुन पड़ा। अपने आप पैर दौड़ने लगे। मन ने बहुत कहा, बड़ी अभद्रता है। लेकिन जैसे पैरों के भी ज़बान लग गई हो, बोले—अभी भद्रता कुछ बाक़ी भी रह गई है? घर लौटकर जाओगे, ज़िंदगी भर गाँववाले हँसेंगे—"बाबू बनकर ससुराल चले थे। हज़ार-हज़ार सपाटें का उठान तो देखो।" कहते पैर बेतहाशा उठ रहे थे। छाता बग़ल में, हाथ में जूते। सामने मील भर का ऊसर। चार बजे की चटकती धूप। स्टेशन देख पड़ने लगा। गाड़ी प्लेटफ़ॉर्म पर आ गई। दौड़ तेज हुई। लम्बा मैदान। गाड़ी पानी ले रही है। अभी छः फर्लांग और हैं। भूभुल में पैर जले जा रहे हैं, लेकिन रफ़्तार धीमी नहीं। बढ़ाई भी नहीं जा सकती। कलेजा मुँह को आता हुआ। एंजिन पानी ले चुका, लौट रहा है। अभी चार फ़र्लांग हैं। और तेज हो नहीं सकते। बदन लत्ता। जान पड़ता है, गिर जाऊँगा।

ग़नीमत हुई। मैं पहुँचा। स्टेशन में एक प्लेटफ़ॉर्म है, उस तरफ़ उससे गाड़ी लगी हुई। इधर से ही चढ़े। भीतर जाने के साथ इतनी गर्मी मालूम दी कि जान पर आ बनी। कुछ देर में होश दुरुस्त हुए। गाड़ी चली। ठंडे होकर कपड़े बदले।

पाँचवें स्टेशन डलमऊ में उतरा।[3]

'दलमऊ या डलमऊ' रायबरेली ज़िले का प्रसिद्ध कस्बा है। यह रायबरेली का एक सब-डिवीज़न भी है। शहर दाहनी तरफ़ गंगा के बिलकुल किनारे से उठा हुआ; एक छोटी पहाड़ी की तरह के काफ़ी ऊँचे मिट्टी के स्तूप पर चारों ओर से दो मील तक दृढ़ दीवार से घिरा एक प्राचीन दुर्ग है; जो इस समय गतगौरव के समाधि-रूप में परिणत है। प्रचलित लोक-कथाओं के अनुसार इस पर गोप राजाओं

1. प्रभावती, 2. स्थान विशेष, 3. कुल्ली भाट

का अधिकार था।

ये भी कान्यकुब्जेश्वर के मातहत सरदारों में थे। आज गोपवंश अपना यादव-क्षत्रिय के रूप से परिचय देता हुआ इस क़िले को प्राचीन इतिहास का केन्द्र मानता है। बाद को यह क़िला मुसलमानों के अधिकार में आया। पश्चात् अँगरेज़ों ने इस पर कब्ज़ा किया। इसकी इमारतें इस समय नष्ट हो चुकी हैं। फिर भी परिचय के लिए यथेष्ट चिह्न वर्तमान हैं। इसके ऊपर से दूर तक फैला हुआ गंगा का दृश्य, उतरकर जल और स्थल से मिला हुआ आकाश बड़ा सुहावना मालूम देता है। क़िले के यौवन-काल में शहर की बड़ी आज़ादी थी। गंगा के किनारे होने की वजह से व्यवसाय का भी बहुत बड़ा केन्द्र था। पहले रेल तथा अच्छे मार्ग न होने से भारत का अधिकांश व्यवसाय जल-पथों से होता था। इनमें गंगा का पथ सर्वश्रेष्ठ था। प्राचीन उक्ति के अनुसार यह स्थान दालिभ्य-क्षेत्र है। दालिभ्य ऋषि ने वहीं तपस्या की थी। बाद को दालिभ्य अपभ्रंश शायद दलमऊ हो गया, फिर अँगरेज़ी डलमऊ बना।[1]

सूरज छिप चुका था लेकिन इतना उजाला कि अच्छी तरह मुँह दिखे। गेट पर टिकट कलेक्टर के पास एक आदमी खड़ा था। टिकट देकर निकलते ही मुझसे पूछा–''कहाँ जाइएगा ?''

मैंने कहा–''शेरअंदाज़पूर।''

''आइए, हमारा एक्का है,'' कहकर उसने एक्केवान को पुकारा, और ग़ौर से घूरते हुए पूछा, ''किनके यहाँ?''

मैंने अपनी ससुरजी का नाम लिया। उसे एक बार देखकर मैंने दोबारा नहीं देखा। कारण, वह मेरा आदर्श नहीं था। मुझसे दो इंच छोटा था, और बदन में भी हल्का।

मैं एक्के वाले के साथ एक्के पर बैठा। वह जवान कुछ देर तक पैसेंजर देखता रहा, फिर उसी एक्के पर आकर बैठा। चुपचाप बैठा देखता रहा। तब मैं नहीं समझ सका, अब जानता हूँ–वैसी शुभ दृष्टि सुंदरी-से-सुंदरी पर पड़ती है, जिसकी बाढ़ का पानी रत्ती भर नहीं घटा।

उस मनुष्य ने मुझसे कोई प्रश्न नहीं किया, केवल अपने भाव में था। मुझे बोलने की कोई आवश्यकता न थी। एक्का चला। कस्बे में आकर मेरे ससुरजी के दरवाज़े खड़ा हुआ। वह आदमी चौराहे पर उतर गया था। उतरते एक्केवाले से कुछ कहा था, मैंने सुना नहीं।

जब मैं किराया देने लगा, एक्केवाले ने कहा–''नंबरदार ने मना किया है।''

---

1. प्रभावती

"हम किसी नंबरदार को नहीं जानते। किराया लेना होगा। पहले कह दिया होता।"

एक्केवाले ने हाथ तो बढ़ाया, लेकिन कहा—"भैया, उन्हें मालूम होगा, तो मेरी नौकरी न रहेगी।"

मैं समझ गया, पैसे जेब में रखेगा। अब ससुराल के लोग आ गए। मैं प्रणाम-नमस्कारादि के लिए तैयार हुआ।

पैर छूकर मैं एक ग़लीचा बिछे पलंग पर बैठा।

बैठा हुआ, फाटक के भीतर, घर के बाहरवाले आँगन में लगा चिलवल का पेड़ देखता रहा। एकाएक ख़याल गया इसकी डाल पर सावन में झूला पड़ता होगा। उस पर बैठी हुई भरे आकाश के सजल बादलों को देख-देखकर जो सावन, मल्हार, कजली और बारहमासियाँ गाती हुई पेंगों में झूलती हैं, उसे मैं पहचानता हूँ। उसके कुल गीतों का इधर मैं ही लक्ष्य रहा हूँगा।

इसी समय भीतर से एक नवीना-कंठ की खिलखिलाहट सुन पड़ी। यद्यपि मैंने यह पहले-ही-पहल सुनी थी, फिर भी पहचानते देर नहीं हुई—यह किसकी है। उसकी ध्वनि में बड़े गहरे-गहरे अर्थ थे—"तुम मेरे हो। तुम पर मेरा पूरा विश्वास है। तुम्हें पाकर मैं और कुछ भी नहीं चाहती। दूसरे तुम्हें नहीं समझते, तो न समझें, मैं किसी को समझाना नहीं चाहती।"

इसी समय सासुजी शरबत लेकर आईं। परिष्कृत स्नेह के स्वर से कहा—"बच्चा शरबत पी लो।"

मैंने शरबत पिया। सासुजी ने इस बार भी एक साँस छोड़ी, जो मुझे स्निग्ध करनेवाली थी।

सासुजी प्रसन्न चित्त से पलंग के नीचे एक कंबल बिछवाकर बैठीं, और मेरे पिताजी की बर्बरता की खुली भाषा में आलोचना करने लगीं। मेरी कई बार इच्छा हुई कि उत्तर में सासुजी को बर्बर कहूँ, लेकिन शृंगार की जगह ससुराल में वीर-रस की अवतारणा अच्छी न होगी, यह सोचकर रह गया। सासुजी अंत तक यह कहती बाज़ न आईं कि उनकी पुत्री की तरह सुंदरी, पढ़ी-लिखी, सुशील और बुद्धिमती लड़की संसार में दुर्लभ है; इसलिए अगर पिताजी ने मेरा दूसरा विवाह कर दिया तो दैव-दुर्योग के अवश्यंभावी थपेड़े खाते-खाते मेरे पाँचों भूत संसार के इसी पार रह जाएँगे।

मैंने इसका भी जवाब नहीं दिया। फलतः सासुजी मुझे अत्यंत समझदार समझीं। मुझसे कहा—"मैंने तुम्हारा ही मुँह देखकर विवाह किया है, तुम्हारे पिता की तोंद देखकर नहीं।"

मुझे इसका मतलब लगाते देर नहीं लगी कि पिताजी अगर मेरा दूसरा विवाह

करने लगें, तो मैं दूसरी ससुराल में अपना मुँह न दिखाऊँ। मेरे ऐसे ही स्वभाव से शायद प्रसन्न होकर सासुजी ने पूछा—"अच्छा, भैया, मेरी लड़की तुम्हें कैसी सुंदरी लगती है?"

मौखिक इम्तहान में मैं बराबर पहला स्थान पाता रहा हूँ। कहा—"मैंने आपकी लड़की को छुआ तो है, बातचीत भी की है, लेकिन अभी तक अच्छी तरह देखा नहीं; क्योंकि जब मेरे देखने का समय होता था, तब दिया गुल कर दिया जाता था। दूसरे दिन दियासलाई ले तो गया, जलाकर देखा भी, लेकिन सलाई के जलते ही आपकी लड़की ने मुँह फेर लिया, और झोंपड़े के अगल-बग़लवाले लोग खाँसने लगे। फिर जलाकर देखने की हिम्मत न हुई।"

सासुजी मुस्कुराईं और उठकर भीतर चली गईं।

भोजन के पश्चात् मैंने देखा, सासुजी ने मुझे सौ में एक सौ एक नंबर दिए हैं, यानी मेरे शयन-कक्ष में बड़ी मोटी बत्ती लगाकर दिया रख दिया है, ताकि उनकी पुत्री के अनन्य लावण्य को मैं पूरी सार्थकता के साथ देख सकूँ।

मैं हर्षित हो आँखें बन्द किए आगमन की प्रतीक्षा करने लगा। सबका भोजन-पान समाप्त हो जाने पर मंद गति से संसार के समस्त छंदों को परास्त करती हुई उनकी पुत्री भीतर आईं।[1]

---

1. कुल्लीभाट

रूह की मालिश

एक दिन मन ने कहा--इस वक्त पूरी लापरवाही से रूह की मालिश कराओ। इन्हें समझा दो कि तुम देहात के रहनेवाले ऐरे-ग़ैरे नहीं हो, तुम्हारी दूसरी ही बातें हैं।

मन में आते ही मैं फाटक के भीतरवाले आँगन में गया, और चारपाई पर नौकर[1] को दरी बिछाने के लिए कहा। सासुजी[2] मेरी बिगड़ी मुद्राएँ कुछ देर तक देखती रहीं, फिर चुपचाप भीतर चली गईं। चंद्रिका ने दरी बिछाई। रूह की शीशी ले आया। मैं चित लेट गया, और छाती दिखाकर कहा, यहाँ लगाओ।

चंद्रिका ने रूह और तेल में भेद नहीं किया। 20 रु. की रूह एक साथ गदोरी में लेकर छाती में थपथपाया, फिर कहा—"लेकिन बाबा, इतनी ही है, इससे क्या होगा ?"

एक दफ़ा मेरा जी छन्न से हुआ कि इसने बीस के मत्थे दी; पर साँस साधे पड़ा रहा कि कुछ कहूँगा, तो अशिष्टता होगी। रूह की खुशबू चारों तरफ उड़ चली। ससुरजी सूँघते-सूँघते बाहर निकल आए, और सूँघते और आँखें तिलमिलाते हुए बोले—"अरघानें उठ रही हैं, बच्चा।"

मैंने आवाज़ दी। उन्होंने खुश होकर कहा—"इतना अतर-फुलेल न लगाया करो, हूरें पकड़ती हैं।" कहकर, प्रसन्न होकर चले गए।

सुगंध भीतर तक आफ़त कर रही थी। सासुजी बाहर निकलीं।

चंद्रिका तल्लीन होकर तेल की जैसी मालिश कर रहा था, सासुजी कुछ देर तक देखती रहीं। फिर पूछा—"इत्र है?"

मैंने गम्भीर होकर कहा—"रूह।"

सासुजी चौंकीं। पूछा—"कितने की है?"

मैंने गम्भीर शालीनता से कहा—"बीस रुपए की।"

सासुजी देर तक विस्मय की दृष्टि से देखती रहीं। फिर पूछा—"ऐसी मालिश कितने-कितने दिन बाद करते हो ?"

---

1. चन्द्रिका नाई, 2. पार्वती देवी

मैंने वैसे ही उदात्त स्वर से उत्तर दिया—"एक-एक दिन का अन्तर देकर।"

सासुजी फिर थोड़ी देर तक देखती रहीं और एक लड़की की तरह पूछा—"इससे क्या होता है ?"

मैंने कहा—"सीना तगड़ा होता है।"

मेरा सीना बचपन से चौड़ा था—सासुजी ने विश्वास कर लिया। कुछ देर तक स्तब्ध भाव से खड़ी रहकर अत्यंत स्वाभाविक स्वर से पूछा—"तुम्हारे पिताजी तनख्वाह कितनी पाते हैं ?"

इसका उत्तर बड़ा अपमान-जनक था। पिताजी की तनख्वाह बहुत थोड़ी थी, किसी भली जगह किसी तरह कहने लायक नहीं। पर जहाँ विश्व का ऐश्वर्य झूठ है, वहाँ झूठ का हिसाब लगाना भी किसी सत्य की शक्ति की बात नहीं। सही बात को दबाकर, गले में खूब जोर देकर कहा—"पिताजी की आमदनी की कितनी सूरतें हैं, क्या कहूँ! उनकी आमदनी कब कितनी हो जायगी, कहाँ से, कैसे, किससे, यह वही नहीं बता सकते।"

उत्तर सुनकर सासुजी एकाएक रोने लगीं। कुछ देर रोकर स्वयं ही भाव स्पष्ट किया—"जो बाप अपने बेटे के लिए रोज़ मालिश में बीस रुपए की रूह ख़र्च करता है, वह अपनी बहू के लिए बीस सौ का चढ़ावा भी नहीं लाता ? अरे राम रे। मुझे क्या हो गया, जो मैंने शादी कर दी।"

मुझे एक आश्वासन मिला कि पहली बात दब गई। रूह सूख चुकी थी, चंद्रिका रगड़-रगड़कर आग निकाल रहा था। मैंने मालिश बन्द करा दी।

दूसरे दिन रूह की मालिश के लिए कहने पर सासुजी ने कहा—"हमारे यहाँ रूह की मालिश नहीं चल सकती। हम इतने बड़े आदमी नहीं। कड़ुवा तेल लगाओ। खाया तो घी जाय, जो रुपए में सेर भर मिलता है, और लगाई जाय रूह, जो अस्सी रुपए तोले आती है।"

मैंने सोचा, अब गवहीं ख़त्म है। लेकिन श्रीमतीजी का आकर्षण ज़बरदस्त था। यद्यपि 'चर्पट-पंजरिका' स्तोत्र कई बार उन्हें सुना-सुनाकर पाठ किया, फिर भी वैराग्य की मात्रा श्रीमतीजी ने मुझमें कभी नहीं देखी। वह भी मेरे चारों ओर धोखा-ही-धोखा देखने लगीं। ललित कला-विधि में मैं कालिदास नहीं था। उन्होंने मेरा शिष्यत्व स्वीकार नहीं किया।

रुपए ख़त्म हो चुके थे। रूह अपनी गाँठ से नहीं मँगा सकता था। सासुजी इस ताक में थीं, मैं कितने दफ़े मँगाकर मालिश कराता हूँ, देखें, मेरे पिताजी ने ख़र्च के रुपए दिए ही होंगे। हृदय में निश्चय था, सब झोल है। रूह की मालिश कराते उन्होंने किसी बड़े रईस को भी नहीं देखा-सुना था।[1]

1. कुल्लीभाट

प्रिया मनोहरा

मैं निरपेक्ष भाव से भोजन कर, हाथ-मुँह धोकर, अपने शयन-कक्ष में जाकर लेटा था।

घर-भर का भोजन हो जाने पर श्रीमतीजी[1] आईं, लेकिन गति में छंद नहीं बजे। पान दिया, पर दृष्टि में वह अपनापन न था। मैं एक तरफ़ हट गया। उनकी आधी जगह खाली कर दी। बेमन पैर दबाकर वह लेटीं। उनका मनोभाव आज क्यों ऐंठ गया, कुछ-कुछ मेरी समझ में आया, पर चुपचाप पड़ा रहा। सोचा, कमज़ोर दिल अपने आप बोलना शुरू करता है। अंदाज़ा ठीक लड़ा। कुछ देर चुपचाप पड़ी रहकर उन्होंने कहा—"इत्र की इतनी तेज़ खुशबू है कि शायद आज आँख नहीं लगेगी।"

मैंने कहा—"अनभ्यास के कारण। एक कहानी है, तुमने न सुनी होगी। एक मछुआइन थी। एक दिन नदी-किनारे से घर आते रात हो गई। रास्ते में राजा की फुलवाड़ी मिली, उसमें एक झोंपड़ी थी, वहीं सो रही। फूलों की महक से बाग़ गमक रहा था। मछुआइन रह-रहकर करवट बदल रही थी। आँख नहीं लग रही थी। फूलों की खुशबू में उसे तीखापन मालूम दे रहा था। उसे याद आई, उसकी टोकरी है। वह मछलीवाली टोकरी सिरहाने रखकर सोई, तब नींद आई।"

श्रीमतीजी गर्म होकर बोलीं—"तो मैं मछुआइन हूँ ?"

"यह मैं कब कहता हूँ," मैंने विनयपूर्वक कहा—"कि तुम पंडिताइन नहीं, मछुआइन हो। मैंने तो एक बात कही, जो लोगों में कही जाती है।"

श्रीमतीजी ने बड़ी समझदार की तरह पूछा—"तो मैं भी मछली कलिया खाती हूँ?"

मैंने बहुत ठंडे दिल से कहा—"इसमें खाने की कौन-सी बात है ? बात तो सूँघने की है। अपने बाल सूँघो, तेल की ऐसी चीकट और बदबू है कि कभी-कभी मुझे मालूम देता है कि तुम्हारे मुँह पर कै़ कर दूँ।"

श्रीमतीजी बिगड़कर बोलीं—"तो क्या रंडी हूँ, जो हर वक़्त बनाव-सिंगार के

1. मनोहरा देवी

पीछे पड़ी रहूँ।''

''लो,'' मैंने बडे आश्चर्य से कहा–''ऐसा कौन कहता है, लेकिन तुम बकरी भी तो नहीं हो कि हर वक़्त गँधाती रहो, न मुझे राजयक्ष्मा का रोग है, जो सूँघने को मजबूर होऊँ।''

श्रीमतीजी जैसे बिजली के ज़ोर से उठकर बैठ गईं, बोलीं–''तुम्हारी ऐसी ही इच्छा है, तो लो, मैं जाती हूँ।''

सिर्फ़ मेरे जवाब के लिए जैसे रुकी रहीं।

मैंने बड़े स्नेह के स्वर से कहा–''मेरी अकेली इच्छा से तो तुम यहाँ सोती नहीं। तुम अपनी इच्छा की भी सोच लो।''

श्रीमतीजी ने जवाब न दिया, जैसे मैंने बहुत बड़ा अपमान किया हो। उसी तरह उठीं, और दरवाज़े खुले छोड़कर चली गईं। मैंने मन में कहा–''आज दूसरा दिन है।''

मेरा दम घुट रहा था। रह-रहकर मन में उठता था कि पिताजी की तरह दूसरी शादी की बात कहूँ, पर श्रीमतीजी दिल से अच्छी तरह जानती थीं, बिना कांता एक रात इनकी पार नहीं हो सकती, और आधुनिक प्रेमियों की तरह जिस शब्द-न्यास से ये मुझसे पेश आते हैं, यह दूसरा विवाह हर्गिज़ न करेंगे। यानी मैं उन्हें छोड़ नहीं सकता। बात सही थी। दिन भर विराग रहता था, रात को श्रीमतीजी को देखने के साथ अनुराग में परिणत हो जाता। श्रीमतीजी मौन साधे हुए अपने मनोभावों की मारें सहती थीं।

मैंने सोचा, हौसला तोड़ दिया जाय। कहा–''पैर तोड़ा गया है। मेरे पैर के लिए क्या इलाज सोचा है।''

सासुजी पैर पकड़कर बैठ गईं। कहा–''कहाँ? देखूँ!''

मैंने कहा–''अपनी बेटी को बुलाइए।''

सासुजी ने कहा–''बिटिया, रात को पैर दबाने के वक्त तुमने भैया की नस तिड़का दी है। यहाँ आओ। हमसे यह क्यों नहीं कहा ?''

''कहाँ ?'' शंकित दृष्टि से देखती हुई श्रीमतीजी आईं।

फुटबाल खेलते-खेलते मेरे दाहने अँगूठे में गुम्मड़ पड़ गया था। बाएँ हाथ से दाहना अँगूठा मोटा मालूम देता है। सासुजी को कुछ नज़र न आया। मोटा अँगूठा देख पड़ा, तो पकड़कर कहा–''यह है?'' फिर स्वगत कहा–''यही होगा।'' फिर अपनी बेटी से बोलीं–''देखो तो बिटिया, उससे मोटा जान पड़ता है न ?''

उनकी लड़की चिंतित भाव से बोली–''हाँ।'' फिर माँ की अनुवर्तिता की। वह भी पकड़कर देखने लगीं।

सासुजी ने कहा—"क्यों भैया, हल्दी-चूना गर्म कर दें ?"

मैंने सोचा, जिसने पैर पकड़ा है, उसे माफ़ करना चाहिए। वैराग्य से कहा—"रहने दीजिए।"

बड़े स्नेह से सासुजी ने कहा—"नहीं, रहने क्या दिया जाय! जाओ तो बिटिया, हल्दी-चूना गर्म करो।"

मैं, "जो सुलह हो जाय जंग होकर", सोच रहा था, इसलिए रहस्य को बाद में ही रहने दिया। श्रीमतीजी हल्दी-चूना गर्म करने लगीं।

मैंने निश्चय किया है कि अब यहाँ मेरी दाल न गलेगी। पाँच-छः रोज हो गए। रूह की मालिश नहीं कराई। सासुजी जैसे दिन गिन रही थीं, इधर श्रीमतीजी का खड़ी बोली का ज्ञान दिन-पर-दिन ग़ालिब हो रहा था। सोचा, घर चला जाऊँगा। लेकिन मारे प्रेम के स्टेशन की तरफ देखने की इच्छा नहीं होती थी। इसी समय किसी एक उपलक्ष में गाने का आयोजन हुआ।

सासुजी ने एक दिन अपनी पुत्री के संगीत की तारीफ़ की थी। कहा था—"शहर में कोई लड़की और औरत मुक़ाबला नहीं कर सकती।" मैंने सोचा, आज सुन लूँगा, चलते-चलते श्रवण रंध्र सार्थक हो जाएँगे। मजलिस लगी। ढोलक बजने लगी, लेकिन औरतों की जैसी 'उदुम धुसुक, उदुम-धुसुक, उदुम-धुसुक' नहीं। मैंने सोचा, कुछ आनंद आएगा—'टिकारा वदन्ति?' पुरुष भी जमने लगे। मनचले कुछ नहीं, तो दूसरे की औरत का हाथ-पैर ही देख लेने वाले। भीतर से पान आने लगे। पान-तंबाकू खाकर एक-एक पीक थूकते हुए घर भ्रष्ट करनेवाले औरतों की आलोचना करने लगे। गाना शुरू हुआ। श्रीगणेश ग़ज़लों से। जो औरत ग़ज़ल गाना नहीं जानती, उसकी आफ़त। ग़ज़ल गानेवालियों से प्रभावित। अक्सर ग़ज़ल न जाननेवाली पुरानी वृद्धाएँ थीं, भजन गानेवाली; उन पर नवीनाओं का वैसा ही रोब था, जैसा आजकल साहित्य और समाज में देखा जाता है। खैर, मैं तन्मय होकर ग़ज़लें सुनने लगा।

गाने के साथ-साथ बाहर आलोचना भी चलने लगी—कौन गा रही है, यानी गाना उठाया हुआ किसका है, यों साथ-साथ कितने ही मँजे और नौसिखिए गले चलते थे। लोग ग़ज़लों और ग़ज़ल गानेवालियों को चाहते थे। उनके नमक के कारण, पर उनके चरित्र से उन्हें घृणा थी। अब तक श्रीमतीजी कवि-सम्मेलन के बड़े कवि की तरह बैठी थीं। मुझे नहीं मालूम था कि लोग एक के बाद दूसरे उन्हीं के लिए टूट रहे हैं। खैर, उन्होंने गाया। ग़नीमत यह कि पहले भजन गाया, वह भी साहित्यिक गीतों का शिरोभूषण—'श्रीरामचंद्र कृपालु भजु मन हरण भवभय दारुणम्।' लोग साँस रोककर सुनने लगे। 'कंदर्प अगणित-अमित-छबि-नवनील-नीरज सुंदरम्' की जगह जान पड़ने लगा, गले में मृदंग बज रहा है। मेरा दम उखड़ गया। यह इतनी हैं!

बंगाल से पाए संस्कार के प्रकाश में मैं न देख पाया था।

इसके बाद एक ग़ज़ल हुई—"अगर है चाह मिलने की, तो हर दम लौ लगाता जा।" यह त्याग की बारूद भड़की, तो लोगों में प्रेम पैदा हो गया। बिना जनेऊ तोड़े, न जाने क्यों ? एक-दूसरे से कनखियों से बातें करने लगे। मैंने सोचा, यह मेरे प्रेम पर है, पर फिर शंका हुई, क्योंकि मैं मिल चुका था। लोग मुस्कुराते हुए अपने-अपने प्रेम की थाह ले रहे थे। इसके बाद दादरा शुरू हुआ—

"सासुजी का छोकड़ा, मेरी ठोढ़ी पै रख दिया हाथ।

बहुत गम खा गई, नहीं चाँटे लगाती दो-चार।"

एक श्रोता बहुत बिगड़े, बोले—"अपने मर्द को चाँटे लगातीं ? वैसा ही मर्द भी होगा।"

उन्हें यह ख़याल नहीं था कि उनका मर्द सामने बैठा है। दूसरे ने मेरी तरफ़ देखकर मुस्कुराकर कहा—"यह मर्द के लिए नहीं, देवर के लिए है। सासुजी का छोकड़ा देवर भी हो सकता है।"

तीसरे ने कहा—"देवर तो है ही।" मेरी जान में जान आई।

कुछ देर और होकर गाना बन्द हुआ। लोग जम्हाई ले-लेकर उठे। स्त्रियाँ भी एक-एक कर निकलने लगीं। थोड़ी देर में घर अपने ही लोगों का रह गया। श्रीमतीजी का गाना अच्छा, हिन्दी अच्छी। मेरी इन दोनों विषयों की ताली तब तक नहीं खुली। संसार में हारने की-सी लाज नहीं। स्त्री सृष्टि की सबसे बड़ी हार है, पुरुष की जीत की सबसे बड़ी प्रमाण-प्रतिमा, इससे मैं हारा। एकान्त में पिताजी को एक चिट्ठी लिखी—"मैं कलकत्ता जा रहा हूँ, लिखने-पढ़ने का नुकसान हो रहा है। आप जब चाहे, पानी बदलकर आएँ। मैं प्रसन्न हूँ यहाँ, कुशल है।" चिट्ठी डाकखाने छोड़ी, और बिस्तरा बाँधकर तैयार होने लगा।

सासुजी ने पूछा—"भैया, बिस्तरा क्यों बाँध रहे हो ?"

मैंने कहा—"कलकत्ता जा रहा हूँ।"

सासुजी का रंग उड़ गया। गाने के बाद अपनी लड़की की गलेबाज़ी पर मुझसे राय लेनेवाली थीं, एकाएक हौसला जाता रहा। कहा—"बाँधना-खोलना हमारा काम है, नौकर है। कलकत्ता अभी कैसे जा सकते हो ? तुम्हारे पिताजी भी क्या कहेंगे! यहाँ के लोग समझेंगे—दामाद गँवही आया था, हफ़्ते से ज़्यादा न रख सकीं। हमारी बेइज़्ज़ती होगी।"

मैंने कहा—"बेइज़्ज़ती एक ही ओर की रहने दी जाय।"

सासुजी ने कहा—"तुम्हारी कैसी बेइज़्ज़ती ?"

"अपनी बेइज़्ज़ती की बात कोई अपनी जुबान से नहीं कहता।" मैंने कहा।

मैंने तो सीधे ढंग से कहा था, लेकिन सासुजी एकाएक उच्च स्वर से रोने लगीं। उनके साथ उनकी बेटी भी, छोटी होने के कारण मंद स्वर से। भगवान् जाने इस बीच पिताजी के लिए क्या सोचा हो। घबराकर बोलीं—"मेरी बेटी तो भैया, तुम्हें भगवान मानती है। रात का वक्त है झूठ नहीं कहूँगी, सामने आग जल रही है। मेरे मुँह में आग लगे तुम कहो तो मेरी लड़की तुम्हारी बात पर अंगार खा सकती है। और, आज ही गाँव-भर की औरतें आई थीं, उसी की वाहवाही रही, हर बात पर; यों चाहे जो कहो।"

"इसी के लिए तो जा रहा हूँ।" मैंने कहा।

सासुजी चौंकी हुई देखने लगीं। मैं फिर बिस्तरा बाँधने लगा।

ससुराल में बिस्तरा बाँधना नाराज़गी का कारण है। सासुजी के मन में आया—रूह नहीं मँगाई गई इसलिए जा रहे हैं। बोलीं—"दाम नहीं थे, इसलिए रूह नहीं मँगाई, कल वह भी आ जाती है।"

मैंने कहा—"वह तो बाहरी रूह है, यहाँ भीतरी फना है।"

सासुजी प्रश्न-भरी चिंतित दृष्टि से देखती रहीं।

मैंने कहा—"पढ़ाई पड़ी है। फिर तैयार न कर पाऊँगा।"

आश्वस्त होकर सासुजी ने नौकर को बुलाया। उसे बिस्तरा बाँधने के लिए कहा। मुझसे सस्नेह बोलीं—"कलकत्ता जा रहे हो! ऐ, मैंने सोचा था, कलकत्ते का बहाना है, घूमकर फिर गाँव जाओगे, और गाँव में जबकि प्लेग है, और...कलकत्ता पढ़ाई के लिए जा रहे हो, हाँ, आगे की फ़िक्र तो करनी ही है।"

बिस्तरा बँध गया। ताँगा आया। रायबरेली वाली गाड़ी के समय पर सासु और ससुरजी के पैर छूकर मैं बिदा हुआ।[1]

1. कुल्ली भाट

धोखे पर धोखा खाते हुए

मैं कवि हो चला था। फलतः पढ़ने की आवश्यकता न थी। प्रकृति की शोभा देखता था। कभी-कभी लड़कों को समझाता भी था कि इतनी बड़ी किताब सामने पड़ी है। लड़के पास होने के लिए सिर के बल हो रहे हैं। वे उद्भद कोटि के हैं। लड़के अवाक् दृष्टि से मुझे देखते रहते थे, मेरी बात का लोहा मानते हुए।

पर मेरा भाव बहुत दिनों तक नहीं रहा। जब आठ-दस रोज़ इम्तहान[1] के रह गए, एक दिन जैसे नाड़ी छूटने लगी। ख़याल आते ही कि फ़ेल हो जाऊँगा, प्रकृति में कहीं कविता न रह गई। संसार के प्रिय मुख विकृत हो गए। पिताजी की पवित्र मूर्ति प्रेत की जैसी भयंकर दिखी। स्नेह की वर्षा में अविराम बिजली की कड़क सुनाई देने लगी।

नवीना प्रिया की अभिन्नता की जगह, वंकिम दृगों का वैमनस्य-हलाहल क्षिप्त होने लगा। पुरजनों के प्रगाढ़ परिचय के बदले प्राणों को पार कर जाने वाली अवज्ञा मिलने लगी।

किताब उठाने पर और भय होता था। रख देने पर दूने दबाव से फ़ेल हो जानेवाली चिंता। फलतः कल्पना में पृथ्वी-अंतरिक्ष पार करने लगा। कल्पना की वैसी उड़ान आज तक नहीं उड़ा। वह मसाला ही नहीं मिला। अंत में निश्चय किया कि प्रवेशिका के द्वार तक जाऊँगा। धक्का न मारूँगा। सभ्य लड़के की तरह लौट आऊँगा। अस्तु, सबके साथ गया। और-और लड़कों ने पूरी शक्ति लगाई थी, इसलिए, परीक्षा-फल निकलने से पहले, तरह-तरह से हिसाब लगाकर अपने-अपने नंबर निकालते थे। मैं निश्चिन्त, इसीलिए निश्चिन्त था। मैं जानता था कि गणित की नीरस कापी को पद्माकर के चुहचुहाते कवित्तों से मैंने सरस कर दिया है। फलतः परीक्षा-समुद्र-तट से लौटते वक्त, दूसरे तो रिक्त-हस्त लौटे, मैं दो मुट्ठी बालू लेता आया। घर में पिता, पत्नी, परिजन, पुरजन सबके लिए

1. महिबादल स्कूल, कक्षा 8, सेक्शन बी, सन् 1907

आवश्यकतानुसार उसका उपयोग किया।

मेरे अविचल कंठ से यह सुनकर कि सूबे में पहला स्थान मेरा होगा, अगर ईमानदारी से पर्चे देखे गए, लोग विचलित हो उठे। पिताजी तो गर्व से गरदन उठाए रहने लगे। परंतु ज्यों-ज्यों फल के दिन निकट होते आए, मेरी आत्मा की वल्लरी सूखती गई। वह जगह मैंने नहीं रखी थी कि पिताजी एक साल के लिए माफ़ कर देते। घर छोड़े बिना निस्तार देख पड़ा। एक दिन मैंने कहा—"ज़मींदारों ने बारात में चलने को बुलाया है। और ऐसा कहा है, जैसे मेरे गए बग़ैर बारात की शोभा न बन पड़ती हो।" जमींदारों के आमंत्रण से पिताजी प्रसन्नता को दबाकर बोले—"तो चला जा। जो कहें, कपड़े बनवा दें और खर्चा दे दें।" एकान्त में पत्नीजी मिलीं। बड़ी तत्परता से बोलीं—"वहाँ नाच देखकर भूल न जाइएगा।"

"राम भजो," मैंने कहा—"क्व सूर्यप्रभवो वंशः क्व चाल्पविषया मति।"

"मैं इसका मतलब भी समझूँ ?" एक क़दम आगे बढ़कर बोलीं, मन में निश्चय कर कि तुलना में मैंने उन्हें श्रेष्ठ बतलाया है।

समझकर मैंने कहा—"कहाँ तुम्हारी बाँस-सी कोमल दुबली देह से सूरज का प्रकाश, कहाँ वह ज़हर की भरी मोती रंडी।"

"चलो।" कहकर गर्व-गुरु-गमन से काम को चल दीं।

समय पर कपड़े बने, और ख़र्चा भी मिला। पश्चात् यथासमय, बारात के लिए रवाना होकर, कुछ दूर से राह काटकर ऐन गाड़ी के वक्त मैं स्टेशन पहुँचा। वहाँ से ससुराल का टिकट लिया। रास्ते-भर में ख़ासी मुहर्रमी सूरत बना ली। ससुरालवाले देखते ही दंग हो गए। ससुरजी, सासुजी और अन्य लोग घेरकर कुशल पूछने लगे। मैंने उखड़ी आवाज़ में कहा—"गाँव में एक खेत के मामले में फौज़दारी हो गई है। दुश्मनों के कई आदमी घायल हुए हैं, इसलिए पिताजी की गिरफ़्तारी हो गई है। गिरफ़्तार होते वक्त उन्होंने कहा है, 'अपने ससुरजी से विवाह के करारवाले बाक़ी तीन सौ रुपए लेकर, दूसरे दिन ज़िले में आकर ज़मानत से छुड़ा लेना।' " ससुरजी सन्न हो गए। सासुजी रोने लगीं और और लोगों को काठ मार गया। ससुरजी के पास रुपए नहीं थे। सासुजी घबराईं कि ऐसे मौक़े पर मदद न की जायगी, तो त्रिपाठीजी क़ैद से छूटकर अपने लड़के की दूसरी शादी कर लेंगे। इस विचार से नथ, करधनी, पाजेब आदि कुछ रेहन कर डेढ़ सौ रुपए मुझे देती हुई बोलीं—"बच्चा, इससे ज़्यादा नहीं हो सका। हम तो तुम्हारे सदा के ऋणी हैं। फिर धीरे-धीरे पूरा कर देंगे, त्रिपाठीजी से हाथ जोड़कर हमारी प्रार्थना है।"

मैंने सांत्वना दी कि बाक़ी रुपए लेने मैं उनके घर कभी न आऊँगा। एक विपत्ति की बात थी। वह इतने में टल जायगी। सासुजी मारे आनंद के रोने लगीं। मैंने बड़ी भक्ति से उनके चरण छुए और यथासमय स्टेशन आकर कलकत्ता का टिकट कटाया।

...मैं ज्यों-का-त्यों! एक बार धोखा खाकर बराबर धोखा खाता रहा। एक परीक्षा की तैयारी न करके कभी पास न हो सका, कितनी परीक्षाएँ दीं। आज वही परीक्षा-भूमि है। सामने प्रश्नों की अगणित तरंगमाला।[1]

1. सुकुल की बीवी

अपने से उगा मैं[1]

श्रीमतीजी मेरे अधिकार में पूरी तरह नहीं आ रही थीं, अर्थात् शिष्यत्व स्वीकार नहीं कर रही थीं, क्योंकि वह समझती थीं, मैं और जो कुछ भी जानता होऊँ, हिंदी का पूरा गँवार हूँ। हिंदी के वैसा गँवार नहीं, जैसा पढ़े-लिखे सैकड़ा पीछे निन्यानबे होते हैं, बिलकुल ठोस मूर्ख। मुझे भी श्रीमतीजी की विद्या की थाह नहीं थी।

आखिर, एक दिन बात लड़ गई। मैंने कहा—"तुम हिंदी-हिंदी करती हो। हिंदी में क्या है ?"

उन्होंने कहा—"जब तुम्हें आती ही नहीं, तब कुछ नहीं है।"

मैंने कहा—"हिंदी मुझे नहीं आती ?"

उन्होंने कहा—"यह तो तुम्हारी ज़बान बतलाती है। बैसवाड़ी बोल लेते हो। तुलसी-कृत रामायण पढ़ी है, बस ? तुम खड़ी बोली का क्या जानते हो ?"

तब मैंने खड़ी बोली का नाम भी नहीं सुना था। पं. महावीरप्रसाद जी द्विवेदी, पं. अयोध्यासिंह जी उपाध्याय, बाबू मैथिलीशरण गुप्त आदि तब मेरे लिए स्वप्न में भी नहीं थे, जैसे आज हैं। श्रीमतीजी पूरे उच्छ्‌वास से खड़ी बोली के ऐसे धुरंधर साहित्यिकों के बीसियों नाम गिनाती गईं। जैसे लेख के उद्धरण-पर-उद्धरण देखकर पाठक लेखक की विद्वत्ता और विचारों की उच्चता पर दंग हो जाता है, वैसे ही मैं भी खड़ी बोली के साहित्यिकों के नाम-मात्र से खड़ी बोली के ज्ञान पर जहाँ का वहीं रह गया।

एक आग दिल में लगी थी—मैंने हिंदी नहीं पढ़ी। बंगाल में हिंदी का जानकार नहीं था, जहाँ मैं था, देहात में। राजा के सिपाही जो हिंदी जानते थे, वह मुझे मालूम थी—ब्रज-भाषा। खड़ी बोली के लिए अड़चन पड़ी। तब हिंदी की दो पत्रिकाएँ थीं—सरस्वती[2] और मर्यादा[3]। दोनों मँगाने लगा। 'सरस्वती' चेहरे की भी सरस्वती थी, 'मर्यादा' अमर्यादा।

---

1. कुकुरमत्ता, 2. आचार्य महावीर प्रसाद द्विवेदी संपादित, प्रयाग से प्रकाशित श्रेष्ठ साहित्यिक पत्रिका, 3. डॉ. सम्पूर्णानंद संपादित, वाराणसी से प्रकाशित पत्रिका

पढ़कर भाव अनायास समझने लगा, पर लिखने में अड़चन पड़ती थी। ब्रज-भाषा या अवधी, जो घर की ज़बान थी, खड़ी बोली के व्याकरण से भिन्न है।...लेकिन मेहनत सब कुछ कर सकती है। मैं रात दो-दो, तीन-तीन बजे तक सरस्वती लेकर एक-एक वाक्य संस्कृत, अँगरेजी और बँगला व्याकरण के अनुसार सिद्ध करने लगा। मुझे कारण भी मिला। वह आनंद, कारण के बाद जो हुआ, ब्रह्मनंद से कम नहीं कहा जा सकता।

ऐसी अनेक और अड़चनें पार कीं। आचार्य द्विवेदीजी को गुरु माना, लेकिन शिक्षा अर्जुन की तरह नहीं, एकलव्य की तरह पाई।[1]

मैं खड़ी बोली का वाल्मीकि नहीं, पर 'भयो सिद्ध करि उलटा जापू'।

अगर किसी पर खप सकता है, तो हिंदी के इतिहास में मात्र मुझ पर। यह सब उलटा-पलट मैंने जान-बूझकर नहीं किया। उलटा-पलट उसके लिए कहा जा सकता है, जिसकी मातृभाषा हिंदी न हो। मेरी बैसवाड़ी माता-पिता की दी वाग्विभूति, जिससे सभी रसों के स्रोत मेरे जीवन में फूटकर निकले हैं, साहित्यिकों में प्रसिद्ध हैं।[2]

---

1. कुल्लीभाट 2. मेरे गीत और कला (प्रबन्ध-पद्म)

स्वामी प्रेमानंदजी महाराज

ग्रामीण जनों का निश्चय बँध चुका है–
स्वामी प्रेमानंद उत्सव में आएँगे।
भेजा गया भक्त एक,[1]
स्वामीजी को लेने को युवक एक पश्चिम के
प्रांत का, जिसके पिता
बंग देश गए थे,
फिर वहीं बसे। तरुण वह
ले आया स्वामी को।[2]
पूजानुष्ठान हुआ।
पश्चिमीय तरुण ने
श्रीसुतीक्ष्ण की कथा[3]
रामचरितमानस से
पढ़ी, मधुर कंठ से।
वंदन रघुनंदन का
भक्ति से ओत-प्रोत।
सभ्य जन आँसू बहाते हुए सुनते रहे।
स्वामीजी ध्यान-मग्न
स्वर के स्तर से चढ़कर
सहस्रार में गए।
लोकोत्तरानंद तभी सबकी समझ में आया।
कथा परिसमाप्त हुई।
गृह-स्वामी भोजन का

---

1. स्वयं निराला 2. महिषादल में 3. निराला का प्रिय प्रसंग

आयोजन करने लगे।
वह पश्चिमीय भी बैठा था चुपचाप।
पश्चिमीय की तरफ़ उँगली उठाई। कहा–
"ऐसा भी आदमी पंक्ति में बैठाला गया,
जिसके माँ-बाप का पता आज तक न लगा।
घोर कलिकाल है।"
स्वामीजी ने कहा–"इसी युवक को पहले
लाकर परोसो, अन्न-मिष्टान्न जो कुछ हो;
यहीं से प्रारम्भ इस भोजन का होता है।
पाएँगे प्रसाद सभी।
पहले परोसा गया युवक को विनय से।
कृष्णजी के दर्शन को
राजगढ़ के अभ्यंतर
स्वामीजी, तीन ब्रह्मचारी मैनेजर साहब
चले, पश्चिमीय वह युवक भी शांत हुआ।
पश्चिमीय के लिये सदा का निषेध रहा
मंदिर-प्रवेश में।
देखा बुद्धदेव ने ज्योति की-सी रेखा से
पश्चिमीय जन वह मंदिर के बाहर रहा।
स्वामीजी ने चलते समय कहा कि "मैं वहीं हूँ,
बाहर खड़ा है जो।"
लौटे जब स्वामीजी,
साथ युवक हो गया मंत्र-मुग्ध प्रेम से।[1]

---

1. अणिमा

गहन अन्ध कारा

जब की बात लिख रहा हूँ, तब मैं स्टेट[1] में एक मामूली नौकर था। चिट्ठी-पत्री, हिसाब-किताब अच्छा नहीं लगता था, पर लाचारी थी।...पिताजी एक साल पहले गुजर चुके थे। इसीलिए नौकरी की थी। नहीं तो हर लड़के की तरह दुनिया को सुखमय देखते रहने के स्वप्न लिए रहता; कम-से-कम लिए रहूँगा, यही सोचता था।

एक बार राजा साहब[2] को अपना थियेटर खोलने का शौक़ हुआ। बड़े आदमी की इच्छा अपूर्ण नहीं रहती। कचहरी के बाबू नायक-नट बनने के लिए बुलाए गए। सबके साथ मैं भी गया। मुझे एक बहुत मामूली संस्कृत का गाना दिया गया, इसलिए कि बंगालियों में अधिकांश संस्कृत का शुद्ध उच्चारण नहीं कर सकते।

मैंने श्लोक याद कर रिहर्सल के दिन गाया। राजा साहब पर उसका बहुत प्रभाव पड़ा। उन्होंने मेरे लिए गाना सीखने का प्रबंध कर दिया। धीरे-धीरे कला की कृपा से मेरी लोकप्रियता बढ़ चली, साथ दूसरों की ईर्ष्या भी।

कुछ दिन नौकरी करने के बाद एक दुघर्टना हुई। एक साधु आए। एक पेड़ के नीचे बैठे रहते थे, धूनी रमाए, चिमटा गाड़े। मेरी निगाह नए ढंग की थी। साधु के संबंध में भी निगाह नई हो गई थी, स्वामी विवेकानन्दजी और स्वामी रामतीर्थजी की बातें सुनकर, किताबें पढ़कर। साधु का संबंध पारलौकिक साधना से होता है। साधना प्राचीन ढंग की तरह-तरह की हैं। मैं बिलकुल आधुनिक था। आदमी सत्य की प्राप्ति के बाद समझने की अपेक्षा नहीं रखता, क्योंकि सत्य स्वयं तब समझ के तौर पर मिल जाता है। उस पर आधुनिकता और प्राचीनता के नाम का केवल प्रभाव पड़ता है। मैंने जिन साधुओं को पढ़ा था उन्होंने नशे के खिलाफ बहुत कुछ लिखा था। पर जो साधु नशा करते हैं, वे रास्तों पर मारे-मारे फिरते हैं। स्वामी विवेकानंदजी या स्वामी रामतीर्थजी की तरह अँगरेज़ीदाँ नहीं, न अँगरेज़ीदाँ उनके शिष्य हैं, जो गाँजे की चिलम से भड़क जायँगे। ऊँचे सत्य में विद्या की भी गुंजाइश नहीं रहती। शब्द खत्म हो जाता है। लिहाजा रास्तों पर घूमने वाले

1. महिषादल, मेदनीपुर, बंगाल, 2. सत्तीप्रसाद गर्ग

थकान की प्रतिक्रिया मिटाने के लिए नशा करते हैं। जिस तरह रोग में ज़हर का प्रयोग चलता है, उसी तरह जीवन के नाश में, प्रतिक्रिया में वे नशा करते हैं। उनके पास चरित्र का मूल्य है, पर उस चरित्र का अर्थ ऐसा नहीं कि आदमी सात रोज़ पाखाना न जाय, या पाँच रोज़ पेशाब न करे, तो सिद्ध है।

अँगरेज़ीदाँ गृहस्थ अँगरेज़ीदाँ साधु ही खोजता है, क्योंकि योरुप की, अमेरिका की बातें होनी चाहिए, इस पर उनकी क्या राय है। सत्य के पास योरुप, अमेरिका नहीं। रास्तेवाले साधु यहाँ अँगरेज़ीदाँ साधुओं को ही धोखा देता हुआ समझते हैं। मैंने कइयों को कहते सुना है, अपना-अपना गढ़ बनाए हुए हैं। खैर, यह साधु अनेक अर्थों में साधु थे। इनकी इच्छा थी, जगन्नाथजी जायँगे; किराया मिल जाय। राजा साहब के हाउसहोल्ड सुपरिंटेंडेंट साहब इन पर प्रसन्न थे। उन्होंने राजा साहब से इनकी साधुता की तारीफ़ करते हुए इनके किराए की प्रार्थना की। राजा साहब ने सुन लिया।

कचहरी हो जाने पर शाम से दस बजे तक मैं राजा साहब के पास रहता था। उन्हें गाने-बजाने का शौक था। अच्छा मृदंग बजाते थे। जाने पर उन्होंने कहा–"एक साधु आए हैं; देख आओ।"

राजा लोग एक विषय को अनेक मुखों से सुनते हैं, तब राय कायम करते हैं इसलिए कि उनके कान-ही-कान हैं, आँखें सब जगह नहीं पहुँचतीं। मैंने राजभक्ति की पराकाष्ठा दिखलाते हुए उसी वक्त कहा–"हुजूर, राजकोष का रुपया इस तरह नहीं खर्च होना चाहिए।"

तब मेरे मस्तिष्क में अनेक तरहें थीं, जैसी उपयोगितावादी में होती हैं। राजा साहब सिर्फ मुस्कुराए। मैं कुछ नहीं समझा। लेकिन उनकी आज्ञा की उपयोगिता समझता था, क्योंकि नौकर था। प्रणाम करके साधु के पास चला। मन में यह निश्चय लिए हुए कि कोष की एक कौड़ी नहीं जानी चाहिए। मन में यह भाव होने के कारण साधु के प्रति रूप कैसा था, कहने की आवश्यकता नहीं।

मुझे देखते ही साधु ने कहा–"आइए!"

मैंने मन में कहा–यही तो ठग-विद्या है। खुलकर कहा–"तुम काम क्यों नहीं करते ?"

साधु ने मुझे आप कहा था। मैंने 'तुम' कहा। तब मुझे यह नहीं मालूम था–ईश्वर की प्राप्ति के लिए निकला हुआ मनुष्य ईश्वर-प्राप्ति के बाद दग्ध कर्म हो जाता है। उसके मन में केवल ईश्वर रहता है।

साधु ने कहा–"मैं 'आप' कहता हूँ, आप 'तुम' कहते हो। मैं क्या काम करूँ ?"

मेरी 'आप' कहने की प्रवृत्ति नहीं हुई। मैंने कहा–"तुम्हें संसार में कोई काम ही नहीं मिलता ?"

साधु ने कहा–"आप फिर 'तुम' कहते हैं। यह सब काम कौन करता है?"

मुझे मालूम हुआ, यह पूरा ठग है; क्योंकि लिखी किताबों में साधुओं के हथकंडे और तरह-तरह की शिकायतें पढ़ी थीं। कहा–"तुम्हें रुपया नहीं मिलेगा।"

साधु ने कहा–"होश में आ!" और चिमटा ज़ोर से जमीन में गाड़ दिया।

मुझे मालूम हुआ, वह चिमटा मेरे सिर में समा गया। गर्दन झुक गई। लेकिन मुझमें मामूली आग नहीं थी। मेरा अभिप्राय असत्य था, फिर भी साधु के प्रति श्रद्धा न निकली।

साधु ने जैसे सिर पर सवार होकर पूछा–"तू राजा है ?"

जो अपराध कर रहा था, वही साधु करने लगे, क्योंकि मैंने साधु को 'तू' नहीं कहा था, 'तुम' कहा था। पर अभी मैं अपने को सँभाल रहा था, जैसे लड़नेवाला नीचे चला गया हो, हार न खाई हो। सँभलकर कहा–"नहीं मैं राजा नहीं हूँ।"

साधु व्यंग्य कर रहा था। उसका राजा का अर्थ राम था। मेरा केवल सीधा, वही राजा, जहाँ से मैं आया था।

साधु ने कहा–"तू नौकर है तो नौकर की तरह बातें क्यों नहीं करता ?"

साधु फिर भूला। नौकर भी राम है। खासतौर से मैं महावीर को अधिक प्यार करता था, राम को कम।

साधु चाहता था, मैं अपनी पकड़ छोड़ दूँ, तो वह होश दे दे, लेकिन मेरी पकड़ में नौकर नहीं था, साक्षात् महावीर थे। पकड़ छुड़ाने के लिए साधु ने कहा–"तेरी नौकरी नहीं रहेगी।"

अगर मैं यहाँ करुण हुआ होता, तो साधु ने बाज़ी मारी होती। मैंने कहा–"महाराज, तब तो मैं बच जाऊँ।" यह महावीर की ही वाणी थी, राम के प्रति। तब मैं यह कुछ नहीं जानता था।

साधु के होश उड़ गए। यह नौकरी के लिए आग्रह नहीं था। फिर मेरे सिर उतने बच्चों का बोझ था।

साधु रोने लगे, कहा–"अरे, तेरे लिए मैंने घर-बार छोड़ दिया, और तू मुझे सताता फिरता है ?"

अब मैं समझा। मुझे ज्योति भी दिखी। पहले 'जुही की कली' लिखते वक्त दिखी थी। तब नहीं समझा था। अब के एक साधु ने पहचान करा दी।

मैं चलने लगा, तो साधु ने कहा–"तो चलो, चलें।"

लेकिन मैंने संसार की तरफ़ खींचा, क्योंकि ज्ञान के साथ कर्मकांड जो बाक़ी

था, उसकी ओर आकर्षण हुआ। इस समय साधु को वैसा ही कष्ट हुआ, जैसा मुझे हुआ था। बड़ी ही करुण ध्वनि की, जैसे बदन टूट रहा हो।

राजा साहब के पास गया, तब सब भूल गया। जड़ राजा का भूत सवार हो गया। राजा साहब ने पूछा—"कैसे साधु हैं ?" मैंने कहा—"ऐसे आदमी को रुपए नहीं देने चाहिए।" राजा साहब चुप हो गए।

सुबह सुपरिंटेंडेंट साहब फिर गए, और बीस रुपए की मंजूरी करा ली। रुपए लेकर सुपरिंटेंडेंट साहब गए। पर हाथ जो बढ़े, वे दंभ के हाथ थे। साधु ने कहा—"मैं रुपए नहीं लूँगा। कल राजा आए थे। मैंने उन्हें नाराज़ कर दिया है। मैं जाता हूँ।" कहकर अपना चिमटा वहीं फेंक दिया और चले गए।

सुपरिंटेंडेंट साहब ने रास्ता रोककर कहा—"महाराज, वह राजा नहीं था, वह तो एक मामूला नौकर है।"

साधु ने कहा—"तू नहीं समझता। वह राजा था।"

सुपरिंटेंडेंट साहब मुँह फैलाकर देखने लगे। साधु चले गए।

कुछ देर बाद मैं भी उस रास्ते से गुज़रा। सुपरिंटेंडेंट साहब ने कहा—"तुमने कल साधु से क्या कहा था—मैं राजा हूँ।"

"नहीं, दादा!" मैंने कहा—"मैंने ऐसा तो नहीं कहा।"

सुपरिंटेंडेंट मुझसे भी बड़े राजभक्त थे। कहा—"तुमने कहा है। साधु ने रुपए नहीं लिए। अपना चिमटा फेंककर चला गया। मैं महाराज से अभी रिपोर्ट करता हूँ।"

कौन समझता है, वह निश्छल नत जन विश्व के सामने नत है। वह दादा कहनेवाला और है। यह सलाम करने वाला नहीं।

दादा ने राजा साहब से रिपोर्ट की, बड़े उदात्त शब्दों में। सुनी बात पर जैसी अतिशयोक्ति होती है।

मेरे जाने पर सस्नेह राजा साहब ने कहा—"तुमने साधु से कहा था—मैं राजा हूँ ?"

उत्तर उस तरह मुझसे न देते बना, जिस तरह देना चाहिए था, क्योंकि मैं भी राजा को साक्षात् पुरुषोत्तम नहीं देख रहा था। कहा—"हाँ," मैंने कहा, "राजा का नौकर राजा नहीं, तो क्या है ?"

यह अद्वैतवाद राजा समझते थे। भारत की नौकरशाही का यही अर्थ है।

उस समय के लिए निष्कृति मिली। कठिन संसार की उलझन साथ ही थी। एक दिन मैं राजा साहब के यहाँ से अपने डेरे जा रहा था। रात के ग्यारह बजे होंगे। सुपरिंटेंडेंट साहब कचहरी नहीं गए थे। लेकिन हाथीखाने के पास, जो जगह उनके मकान से मील-भर है, मुझे मिले। वे शराब पीते हैं, यह मशहूर बात थी।

शराब पीनेवाला और भी बहुत कुछ करता है। संसार का अपना एक चरित्र है—दिखाऊ। उसके प्रतिकूल कुछ होने पर घबराहट होती है। सुपरिंटेंडेंट साहब को रात ग्यारह बजे देखने के साथ मैं चौंका। वे भी चौंके। वे मेरी शिकायत कर चुके थे, इसलिए भी। मैं चौंका! वे यहाँ इतनी रात को क्या कर रहे हैं। चौंका-चौंकी के साथ मुझे शराब की बू मालूम दी, पर मैं चुपचाप चला गया।

दूसरे दिन कथा-प्रसंग पर मैंने राजा साहब से कह दिया, पर शिकायत के तौर पर नहीं, मज़ाक के तौर पर। सुपरिंटेंडेंट साहब पीते हैं, यह सब लोग जानते थे। राजा साहब और बहुत जानते थे। हँसने लगे।

पर बड़े आदमी कहलानेवाले लोग अपने मातहत रहनेवालों या नौकरों से तरह-तरह से पेश आते हैं। एक दिन एकाएक मुझे हुक्म हुआ—"गोपालजी के मंदिर में जाकर, क़सम खाकर कहो, तुमने सुपरिंटेंडेंट साहब को शराब की हालत में देखा है।"

सुपरिंटेंडेंट साहब को हुक्म हुआ—"तुम कहो, मैंने नहीं पी।"

सुपरिंटेंडेंट साहब संसारी आदमी थे। एक गवाह ठीक कर लिया था—फ़ीलवान, यह कहने के लिए कि सुपरिंटेंडेंट साहब के लड़के को भूत लगा था। वह फूँक डालने गया था। उसे हुक्म हुआ, वह कुरान लेकर कहे।

क़सम के दिन फ़ीलवान नहीं गया। हम दोनों गए। मैंने जैसी सुगंध पाई थी, उसके लिए क़सम खाई। सुपरिंटेंडेंट साहब बिलकुल डकार गए।

क़समी-क़समा हो जाने के बाद मैंने इस्तीफ़ा दाखिल किया। राजा साहब को एक निजी पत्र लिखा—"मेरे धर्म-स्थल पर आपको हस्तक्षेप करने का कोई अधिकार न था। फिर मैंने सुपरिंटेंडेंट साहब की नौकरी लेने के लिए नहीं कहा था।"

सुपरिंटेंडेंट साहब ने उन्हें यही समझाया था कि उस साधु के संबंध में चूँकि सही-सही बातें कही हैं, इसलिए उनकी नौकरी लेने के अभिप्राय से मैंने यह जाल रचा है। अब जब से हुजूर ने वह सब काम छोड़ दिया है, तब से हुजूर की बराबर अनुवर्तिता वे कर रहे हैं, इसीलिए हुजूर ने गुरु-मंत्र लेने की बात भी कही थी। गुरु-मंत्र का प्रभाव होता ही है।

मेरा इस्तीफ़ा मंजूर न किया गया। राजा साहब की चिट्ठी आई—"यो ध्रुवाणि परित्यज्य अध्रुवाणि निषेवते।"

मैंने कहा—"अध्रुव की ही सेवा सही। मेरी तनख्वाह दे दी जाय। मेरा काम समझ लिया जाय।"

नौकरी छोड़ दी।[1] कई लोग, यहाँ तक कि असिस्टेंट मैनेजर साहब जिन

1. 1921 ई.,

पर रोज़ रिश्वत का इलज़ाम लगता था, मिलने पर कह गए—यहाँ तुम्हीं एक आदमी हो।

बहुतों ने झुकी कमर सीधी कर-करके देखा। मैंने अपनी चीज़ें नीलाम करके, एक भतीजे को[1] साथ लेकर गाँव का रास्ता लिया।

तब से आज तक मैं नौकर और नौकरी को पहचानता हूँ। इस बयालीस साल की उम्र में पहले बड़ी मजबूरी में नौकरी की थी, सिर्फ़ दो-ढाई साल चली।[2]

गहन है यह अंधकारा
स्वार्थ के अवगुंठनों से
हुआ है लुंठन हमारा।[3]

---

1. कालीचरण, 2. कुल्लीभाट, 3. अपरा

स्वर्गीया प्रिया

रँग गई पग-पग धन्य धरा,[1]
हुई जग जगमग मनोहरा।
श्रृंगार, रहा जो निराकार,
रस कविता में उच्छ्‍वसित धार।
गाया स्वर्गीया प्रिया संग—
भरता प्राणों में राग-रंग।[2]

मेरा और मेरी दिव्यधामवासिनी धर्मपत्नी का संबंध पंडितों ने पत्रा देखकर जोड़ा था, मुझे और उन्हें देखकर नहीं, इसलिए विवाह के पश्चात् मेरी और उनकी प्रकृति वैसे मिली, जैसे पंडितों की पोथियों के पत्र एक-दूसरे से मिले रहते हैं। वह अखंड भारतीय थीं, और मैं प्रत्यक्ष राक्षस। रोज़ मांस खाता था। उन्होंने मुझे विश्रामसागर, पद्‌म-पुराण, शिव-पुराण और न जाने कौन-कौन से ग्रंथ, गुटके और पाद टिप्पणियाँ दिखलाकर कहा, इससे बड़ा पाप होता है, तुम मांस खाना छोड़ दो। तब मैं कुछ मूर्ख था और वह मुझसे हिंदी में ज्यादा पंडित थीं। मांस से कितनी भयंकर सज़ा मिलती है, उसके जो चित्र उन्होंने दिखलाए, उनके स्मरण-मात्र से मेरे प्राण सूख जाते। कुछ दिनों तक मैंने मांस खाना छोड़ दिया। तब मेरा स्वास्थ्य भी मुझे छोड़ने लगा। स्वास्थ्य की चिंता तो होती थी, पर यम-दंड के भय के सामने स्वास्थ्य का विचार न चलता था। मेरी पत्नी को मेरे स्वास्थ्य का भय न था, जितनी प्रसन्नता मेरे मांस छोड़कर भारतीय बन जाने की थी। धीरे-धीरे सूखकर काँटा हो गया। एक दिन नहाने के लिए जा रहा था, कुएँ पर मेरे एक पूज्य वृद्ध ब्राह्मण मिले। मुझे देखकर बड़े ताज्जुब में आए। पूछा—"तुम क्या हो गए ?"

"मांस छोड़ दिया, इसलिए दुबला हो गया हूँ।"

---

1. गीतिका, 2. सरोज स्मृति

उन्होंने कहा—“तो मांस क्यों छोड़ा ?”

मैंने कहा—“विश्रामसागर में लिखा है, बड़ा पाप होता है, मरने पर मांसाहारी को यमदूत बड़ा दंड देते हैं।”

उन्होंने पूछा—“तुमने अपनी इच्छा से छोड़ा या किसी के कहने पर ?”

मैंने सच-सच बतला दिया। उन्होंने कहा—“तो तुम फिर खाओ, कनवजियों को पाप नहीं होता, उनको वरदान है।”

मैंने पूछा—“कहीं लिखा भी है ?”

उन्होंने कहा—“हाँ, है क्यों नहीं ? वंशावली में लिखा है।” मुझे वैसी प्रसन्नता आज तक कभी नहीं हुई। पत्नी पर बड़ा गुस्सा आया। उनसे तो मैंने कुछ भी न कहा, शाम को बाज़ार से आधा सेर मांस तौला लाया। मकान में लाकर रखा, तो श्रीमतीजी दंग। उस समय मेरे घर के और लोग विदेश में थे। श्रीमतीजी रूमाल में खून के धब्बे देखकर समझ गईं। पूछा—“यह क्या है ?”

मैंने कहा—“मांस।”

“तो क्या फिर खाओगे ?”

मैंने कहा—“हाँ, हमें वरदान है।”

श्रीमतीजी हँसने लगीं। पूछा—“कहाँ मिला यह वरदान ?”

“हमारे पूर्वजों को मिला है, वंशावली में देख लो, तुम्हें विश्वास न हो तो।”

श्रीमतीजी ने कहा—“खुद पकाते हो ही, अपने मांसवाले बरतन अलग कर लो, और जिस रोज़ मांस खाओ, उस रोज मुझे न छुओ, और न घर के बरतन, और तीन रोज़ तक कच्चे घड़े नहीं छूने पाओगे।”

मैंने कहा—“इस समय तो रोज़ खाने का विचार है, क्योंकि पिछली कसर पूरी कर लेनी है।”

उन्होंने कहा—“तो मुझे मेरे मायके छोड़ आओ।”

मैंने कहा—“लिख दो, कोई ले जाए, नहीं तो नाई भेज दो, किसी को बुला लावे। मैं जहाँ मांस पकाता हूँ, वहीं दो रोटियाँ भी ठोंक लूँगा।”

श्रीमतीजी चली गईं। पत्रा-प्रेम इसी तरह तीन-चार साल कटा। चार महीने मेरे यहाँ रहतीं, आठ महीने मायके।

अन्तिम साल मायके में इन्फ्लुएंज़ा का प्रकोप हुआ। इन्हें भी इन्फ्लुएंज़ा हुआ। पिताजी एक साल पहले गुज़र चुके थे। तब मैं बंगाल में था। मेरे पास तार गया—

“तुम्हारी स्त्री सख्त बीमार है, अन्तिम मुलाक़ात के लिए आओ।”

मेरी उम्र तब बाईस साल थी। स्त्री का प्यार उसी समय मालूम दिया,

जब वह स्त्रीत्व छोड़ने को थी। अखबारों से मृत्यु की भयंकरता मालूम हो चुकी थी। गंगा के किनारे आकर प्रत्यक्ष की। गंगा में लाशों का ही जैसे प्रवाह हो। ससुराल जाने पर मालूम हुआ, स्त्री गुज़र चुकी है।[1] कस्बे के डॉक्टर मेरे परिचित मित्र थे। उनसे मिला, तो अफसोस करने लगे। कहा—फेफड़े कफ से जकड़ गए थे। प्यास ज़्यादा थी। मैंने पानी की जगह अखनी पिलाने को कहा, वैसे ही डॉक्टरी दवा देने के लिए पूछा। उन्होंने इनकार कर दिया। कहा—"दस बार नहीं मरना है। यह अकाल मृत्यु न होती, तो शायद जीवन कुछ सुखमय रहता।"[2]

जिसकी हिंदी के प्रकाश से, प्रथम परिचय के समय, मैं आँखें नहीं मिला सका, लजाकर हिन्दी की शिक्षा के संकल्प से कुछ काल बाद देश से विदेश पिता के पास चला गया था, और उस हिंदी-हीन प्रान्त में बिना शिक्षक के 'सरस्वती' की प्रतियाँ लेकर पद-साधना की, और हिन्दी सीखी थी; जिसका स्वर गृहजन, परिजन और पुरजनों की सम्मति में मेरे (संगीत) स्वर को परास्त करता था; जिसकी मैत्री की दृष्टि क्षण-मात्र में मेरी रुक्षता को देखकर मुस्कुरा देती थी, जिसने अंत में अदृश्य होकर, मुझसे मेरी पूर्ण परिणीता की तरह मिलकर, मेरे जड़ हाथ को अपने चेतन हाथ से उठाकर दिव्य शृंगार की पूर्ति की, वह सुदक्षिणा स्वर्गीया प्रिया प्रकृति दिव्यधामवासिनी हो गई।

एक दिन थम जाएगा रोदन
तुम्हारे प्रेम अंचल में।
लिपट स्मृति बन जाएँगे कुछ कन
कनक सींचे नयन जल में।[3]
एक बार भी यदि अजान के
अन्तर से उठ आ जाती तुम
एक बार भी प्राणों की तम
छाया में आ कह जाती तुम
सत्य हृदय का अपना हाल
कैसा था अतीत वह, अब यह
बीत रहा है कैसा काल[4]

मेरी स्वर्गीया प्रिया ने अदृश्य होकर, मुझसे मेरी पूर्ण परिणीता की तरह मिलकर दिव्य शृंगार की पूर्ति की।

...पत्नी निधन के बीस वर्ष बाद...!

इधर नौजवानों के साथ रहने के कारण मैं एक कदम और आगे बढ़ गया,

---

1. 1918 ई., 2. काम साहित्य (भावुक), 3. परिमल (निवेदन), 4. परिमल, प्रिया के प्रति

यानी कम्युनिस्ट।

एक दिन कर्वी में, चित्रकूट के पास,[1] शंकर के यहाँ आया। पहुँचे चौबीस घंटे नहीं हुए। गर्मियों के दिन, सुबह के सात का समय। दो मंज़िला मकान। मैं पच्छिमवाले बरामदे में चटाई पर बैठा था। उसकी आठ-नौ साल की बड़ी लड़की बैठी स्नेह से उमड़ती हुई कितनी प्रासंगिक-अप्रासंगिक बातें छेड़ रही थी। कुछ में उसकी माँ का इशारा जान पड़ता था। चाय का गर्म होता पानी सनसना रहा था।

शंकर मेरा लँगोटिया यार था। एक ही जगह हम पैदा हुए, हमारी बीवियाँ शादी के बाद ससुराल के नाम से एक ही जगह आईं, और रहीं। जैसी मेरी और शंकर की दोस्ती थी, मुमकिन वैसी ही इन दोनों की रही हो। अब वह परदेसवाला सहवास नहीं रहा। पर मैं और शंकर काफी मिलते-जुलते रहे। परदेस छोड़ने से पहले, तार द्वारा, मेरे साथ शंकर को भी मालूम हुआ था कि मेरी स्त्री का देहांत हो गया। शंकर की बीवी के लिए मेरे संबंध में कुछ भी अज्ञात न था। मैं जहाँ तक हूँ, वह उसे और बढ़कर समझ सकती थी !

शंकर चाय नहीं पीता, इसलिए उसकी बीवी को चाय बनाना नहीं आया।

चाय का हिंदुस्तानी सेट मेरे सामने रख दिया गया।

इसी समय ज़ीने पर किसी के चढ़ने की आहट मिली, मंद-मंद पदक्षेप। क्षण-भर बाद वह मूर्ति बरामदे से होती हुई उस कमरे की ओर चली, जो रसोई से लगा था। मुझे जान पड़ा, एक युग बदल गया। ऐसी शांत दृष्टि और मंद गति मैंने नहीं देखी, जैसे इस स्त्री की विश्व की समस्त प्रकृति पर विजय हो, जैसे यह सब कुछ जानती है, और बिना कहे बहुत कुछ कह रही है, और रूप?...मेरे रोएँ खड़े हो गए। उस वक्त मेरे मन में आया, यह मेरे मन की मूर्ति है, कभी मेरे मन से बाहर नहीं निकली। सँभलकर भी मैं न सँभल सका।

वह स्त्री शंकर की स्त्री से दो मिनट बातचीत करके, उसकी लड़की की पढ़नेवाली किताब हाथ में लिए, बाहर निकली। वैसी ही शांत चितवन।

वह ज़ीने से उतरने को हुई। मैं उस स्त्री को देखता रहा। उसने भूलकर भी मुझे नहीं देखा, फिर भी जैसे मेरा सबकुछ देख लिया हो। मुझे ऐसा जान पड़ा, जैसे मेरा कुल स्वत्व इसने खींच लिया। अब यह जवान नहीं, अधेड़-आधे बाल पक चुके, चेहरे पर कुछ झुर्रियाँ भी पड़ रही हैं पर कितनी दृढ़ता! उसमें[2] ऐसी दृढ़ता नहीं थी, सिर्फ चेहरा मिलता है। बीस साल हो गए। तब इसकी मुश्किल से बीस साल की उम्र थी। लेकिन, वह मर चुकी है, और यह जिंदा है। मुझे

1. कर्वी—भरकोरा पहाड़ी पर निवास 1942 ई., 2. मनोहरा देवी

जंग लग गया।[1]

कितने वर्णों में, कितने चरणों में तू उठ खड़ी हुई,
कितने बंदों में, कितने छंदों में तेरी लड़ी गई,
कितने ग्रंथों में, कितने पंथों में देखा, पढ़ी गई–
तेरी अनुपम गाथा।
मेरे कवि ने देखे तेरे स्वप्न सदा अविकार।[2]

---

2. जानकी (देवी) 3. अनामिका (प्रिया से)

जीवन चिरकालिक क्रंदन!

मेरा अंतर वज्र कठोर,
देनाजी भरसक झकझोर;
मेरे दुख की गहन अंध-
तम निशि, न कभी हो भोर।
क्या होगी इतनी उज्ज्वलता-
इतना वंदन-अभिनंदन ?
जीवन चिरकालिक क्रंदन[1]

श्रीमतीजी का महाप्रयाण हो चुका था। दादाज़ाद भाई[2] देखने के लिए आकर, बीमार होकर घर गए थे। मैं दूसरे ही दिन घर के लिए रवाना हुआ। जाते समय रास्ते में देखा, बड़े भाई साहब की लाश जा रही है। रास्ते में चक्कर आ गया। सिर पकड़कर बैठ गया।

घर जाने पर भाभी बीमार पड़ी दिखीं। पूछा—"तुम्हारे दादा को कितनी दूर ले गए होंगे ?" मैं चुप हो गया। उनके चार लड़के और एक दूध पीती लड़की थी। उस समय बड़ा लड़का[3] मेरे साथ रहता था, बंगाल में, पढ़ता था। घर में चाचाजी[4] अभिभावक थे। भाई साहब की लाश निकलने के साथ चाचाजी भी बीमार पड़े थे। मुझे देखकर कहा—"तू यहाँ क्यों आया ?"

पारिवारिक स्नेह का वह दृश्य कितना करुण और हृदयद्रावक था, क्या कहूँ ! स्त्री और दादा के वियोग के बाद हृदय पत्थर हो गया। रस का लेश न था। मैंने कहा—"आप अच्छे हो जाएँ, तो सबको लेकर बंगाल चलूँ।"

उतनी उम्र के बाद यह मेरा सेवा का पहला वक्त था। तब से अब तक किसी-न-किसी रूप से फुर्सत नहीं मिली। दादा के गुजरने के तीसरे दिन भाभी गुजरीं। उनकी दूध-पीती लड़की बीमार थी। रात को उसे साथ लेकर सोया। बिल्ली रात-भर आफत किए रही। सुबह उसके प्राण निकल गए। नदी के किनारे उसे ले जाकर

---

1. अनामिका (हताश), 2. बदलू, 3. कालीचरण, 4. रामलाल

गाड़ा। फिर चाचाजी ने प्रयाण किया। गाड़ी गंगा तक जैसे लाश ही ढोती रही। भाभी के तीन लड़के बीमार पड़े। किसी तरह सेवा-शुश्रूषा से अच्छे हुए। इस समय का अनुभव जीवन का विचित्र अनुभव है। देखते-देखते घर साफ हो गया। जितने उपार्जन और काम करने वाले आदमी थे, साफ हो गए। चार बड़के दादा[1] के, दो मेरे।[2] दादा के सबसे बड़े लड़के की उम्र 15 साल, मेरी सबसे छोटी लड़की साल भर की। चारों ओर अँधेरा नज़र आता था।

घर से फुर्सत पाने पर मैं ससुराल गया। इतने दुख और वेदना के भीतर भी मन की विजय रही। रोज़ गंगा देखने जाया करता था। एक ऊँचे टीले पर बैठकर लाशों का दृश्य देखता था। मन की अवस्था बयान से बाहर। डलमऊ का अवधूत टीला काफी ऊँचा, मशहूर जगह है। वहाँ गंगाजी ने एक मोड़ ली है। लाशें इकट्ठी थीं। उसी पर बैठकर घंटों वह दृश्य देखा करता था। कभी अवधूत की याद आती थी, कभी संसार की नश्वरता की।[3] अब पिताजी नहीं, माताजी नहीं, पत्नी नहीं, केवल मैं हूँ! केवल मैं ! केवल मैं !!![4]

अभी न होगा मेरा अंत !
अभी-अभी ही तो आया है–
मेरे वन में मृदुल बसंत।
मेरे जीवन का यह जब प्रथम चरण
इसमें कहाँ मृत्यु है जीवन ही जीवन
अभी पड़ा है आगे सारा यौवन !
स्वर्ण किरण करलोलों पर बहता रहे यह बालक मन।[5]

---

1. बिहारीलाल, रामगोपाल, केशवलाल, कालीचरण, 2. रामकृष्ण 1914, सरोज (जन्म 1917 ई.), 3. कुल्लीभाट, 4. सुकुल की बीवी, 5. सुकुल की बीवी

हारता रहा मैं स्वार्थ समर ![1]

धिक् जीवन, जो पाता ही आया है विरोध;
धिक् साधन, जिसके लिये किया है सदा शोध![2]

मुझे बराबर पेट के लाले रहे।[3] जीविका का कोई निश्चित उपाय न था। चार भतीजों की परवरिश सिर पर। ऐसे ही एक ने मुझसे कहा—"महात्माजी ने सिद्ध कर दिया है कि चर्खा चलाने से कम-से-कम रोटियाँ चल सकती हैं। जिन सज्जन ने चर्खे की उपयोगिता समझाई थी, उन्हें एक तकुआ खरीद लाने के लिए पैसे दिए थे, वह कानपुर गए थे। यहाँ मेरे गाँव के पड़ोस में कोरी बुनाई का काम करते थे, मैं सीखने के लिये रोज़ जाने लगा। कोरियों ने कहा—"तुम महाराज होकर क्या यह काम करोगे? अरे, कहीं भागवत बाँचो।"

वह सज्जन कानपुर से लौटे, बोले—"जल्दी में थे, खरीदने की याद नहीं थी।"

...सोलह-सत्रह साल की उम्र से विपर्यय शुरू हुआ, लेकिन मुझे इतना ही हर्ष है कि जीवन के उसी समय से मैं जीवन के पीछे दौड़ा था, जीव के पीछे नहीं! जीव के पीछे पड़ने वाला बड़े-बड़े मकान, राष्ट्र-चमत्कार और जादू से प्रभावित होकर जीवन से हाथ धोता है, जीवन के पीछे चलने वाला जीवन के रहस्य से अनभिज्ञ नहीं होता।

"जीवन की गति कुटिल, अंधतम जाल,
...जहाँ हाय, केवल श्रम, केवल श्रम,
केवल कर्म कठोर,
कुछ हो प्राप्ति अधिक आशा का
कुटिल अधीर अशांत मरोर
केवल अंधकार, करना वन पार,
जहाँ केवल श्रम घोर।"[4]

---

1. सरोज स्मृति, 2. राम की शक्तिपूजा, 3. देवी, 4. परिमल

अर्थकरी समझकर मैंने मक़तब की शिक्षा छोड़ दी थी। तब अर्थ का व्यापक अर्थ मुझे मालूम ही नहीं था, इसीलिए जड़ार्थ से मेरा हमेशा छत्तीस का सम्बन्ध रहा। लेकिन विशाल अर्थ, जिसे न जानकर भी मैंने अर्थकरत्व छोड़ा था, मेरे विशाल हृदय मित्रों से मुझे प्राप्त होता रहा।[1]

जब मैं बेकार था, सरस्वती से कविता-लेख वापस आते थे। एक-आध चीज छपी थी। प्रभा[2] मालूम हुआ बड़े-बड़े आदमियों के लेख कविताएँ छपती हैं। एक दफ़ा आफ़िस जाकर बातचीत की, उत्तर मिला, इसमें 'भारतीय-आत्मा' 'राष्ट्रीय पथिक' और मैथिलीशरण गुप्त जैसे कवियों की कविताएँ छपती हैं। ऐसे ही कुछ लेखकों के नाम सुने। मुँह लटकाकर लौट आया था।[3]

> ''जाना तो अर्थागमोपाय,
> पर रहा सदा संकुचित काय।
> लखकर अनर्थ आर्थिक पथ पर
> हारता रहा मैं स्वार्थ-समर।
> क्षीण का न छीना कभी अन्न
> मैं लख न सका वे दृग विपन्न।
> अस्तु, मैं उपार्जन को अक्षम।''[4]

> क्या है कुछ भी नहीं, ढो रहा व्यर्थ साधना भार
> एक विफल रोदन का है यह हार-एक उपहार,
> भरे आँसुओं में हैं असफल कितने विफल प्रयास
> झलक रही है मनोवेदना, करुणा, पर उपहास![5]

---

1. कुल्लीभाट, 2. श्री बालकृष्ण शर्मा 'नवीन' संपादित कानपुर से प्रकाशित प्रसिद्ध साहित्यिक पत्रिका, 3. कुल्लीभाट, 4. सरोज स्मृति, 5. परिमल-क्या दूँ ?

मित्रवर कुल्ली

पं. पथवारीदीन जी भट्ट[1] मेरे मित्र थे। उनका परिचय 'कुल्ली भाट' पुस्तिका में है। कुल्ली सबसे पहले मनुष्य थे। जीवन-चरित्र जैसे आदमियों के बने और बिगड़े, कुल्ली भाट ऐसे आदमी न थे। उनके जीवन का महत्त्व समझे—ऐसा अब तक एक ही पुरुष संसार में आया है।[2]

ससुराल में गौने के साल कुल्ली से पहली मुलाक़ात हुई थी।

उस दिन की याद है, जब इक्के पर पहली बार अदालती फ़ैशन के बिगड़े कुल्ली मिले थे।

दूसरे दिन प्रातः कृत्य से निवृत्त होकर, जलपान कर, एक किताब लेकर बैठा था कि सुबह सूरज की किरन फूटने के साथ कुल्ली आए। दिन के समय बाहर की बैठक में मेरे रहने का प्रबंध था। पलंग बिछाया जा चुका था। मैं बैठक की तरफ चला। पलंग के पास एक खाली चारपाई पड़ी थी। कुल्ली अपनी तरफ से उस पर बैठ गए। बराबरी की होड़ नहीं की—यह मुझे बहुत अच्छा लगा।

इसी समय पान आए। कुल्ली ने तश्तरी लेकर आदर की दृष्टि से देखते हुए मेरी तरफ़ बढ़ाई। मैंने गौरवपूर्ण गंभीरता से दो बीड़े लिए। आशीर्वाद के स्वर से कुल्ली को भी खाने के लिए कहा। मुस्कुराते हुए कुल्ली ने दो बीड़े ले लिए और तश्तरी चारपाई पर रख दी।

फिर बड़ी सभ्य भाषा में बातचीत छेड़ी। बात उसी शहर के इतिहास पर थी। मैं देखता था कुल्ली मुझे, खासतौर से मेरी आँखों को, इस तरह से देखते हैं, जैसे उनके बड़े कोई प्रियजन हैं। यह दृष्टि इससे पहले मैंने नहीं देखी थी। मुझे कौतूहल तो था, पर भीतर से अच्छा लगता था। कुल्ली ने कहा—"यह दलमऊ दल बाबा" का था।

यह इतनी ऐतिहासिक जगह है, सुनकर मैं पुलकित हो गया। ऐसी जगह ससुराल देने के कारण परमपिता को धन्यवाद दिया। मन में इतनी महत्ता आ गई,

1. कुल्लीभाट, 2. गोर्की

जैसे मेरी श्रीमतीजी दल की ही दुहिता रही हों। मैं विच्छुरित आनंद की दृष्टि से कुल्ली को देखने लगा।

मेरी ससुराल के संबंध में एक साथ इतने नाम आएँगे, मेरा स्वप्न में भी जाना न था। मैं एक विशिष्ट व्यक्ति की तरह गंभीर होकर बैठा।

मुस्कुराकर कुल्ली ने कहा–"यहाँ कई घाट हैं, मठ और मंदिर। बहुत पुरानी जगह है। उजड़ी बस्ती देखने लायक़ है।"

"मैं देखूँगा।" मन-ही-मन ससुरालवालों को इतर विशेष कहते हुए मैंने कहा।

कुल्ली ने कहा–"जब चलिए, आपको ले चलूँ। इस वक्त तो धूप हो गई है। शाम को चलें, तो चलकर क़िला देख आइए।"

मैंने सम्मति दी। कुल्ली ने कहा–"मैं चार बजे आऊँगा। यहाँ आदमी भी बहुत बड़े-बड़े हो गए हैं, जैसे मेरे वंश के..."

कुल्ली ने कुछ कवियों के नाम गिनाए। मैंने उन्हें भी बड़ी इज़्ज़त से मन में जगह दी। कुछ देर बाद कुल्ली उसी तरह आँखें देखते हुए नम्रतापूर्वक नमस्कार कर विदा हुए। कुल्ली एक घण्टा पहले आए। बहुत बने-ठने। विनीत, अप्रतिभ दृष्टि और श्रीहीन मुख। तब चाटूक्ति अच्छी लगती थी, क्योंकि उसका दर्शन न समझता था; समझता, तो उसका दृष्टि, चेहरे और बातचीत से ही खात्मा कर दिया होता।

मैं घर के भीतर सीधे अपने कमरे में गया। बाल कंघी किए, कपड़े बदले, जूते पहने, फिर छाता लेकर बाहर निकला। कुछ दूर पर शिवाला मिला। चारों ओर घूमकर हम लोगों ने मंदिर देखा, देवता के दर्शन किए, फिर मंदिर की चित्रकला देखते रहे। फिर बैठकर कुछ देर विश्राम करने और पुजारीजी की बातचीत सुनने लगे। ज्यों-ज्यों देर हो रही थी, कुल्ली का पेट ऐंठ रहा था। ...मैं पुजारीजी की बात खत्म होने पर उठा, तब तक कुल्ली सैकड़ों मर्तबे निगाह से मुझे उठाते रहे। मैं देखता और सुनता रहा। हम ढाल से नीचे उतरे। किला देख पड़ने लगा। फिर आगे बढ़े। एक छोटे पहाड़ की चोटी पर पहुँचा। सीढ़ी के सिरे पर बैठ गया।

कुल्ली ने कहा–"दोस्त, क्या हवा चल रही है!"

कुल्ली का दोस्त कहना मुझे बड़ा अच्छा लगा। मित्रता की तरफ़ और गुरुडम के खिलाफ़ मैं पहले से था। मैंने कुल्ली का समर्थन किया। कुल्ली मुस्कुराए मेरी मैत्री की आवाज़ पर, फिर इस स्वर को और उदात्त कर बोले–"दोस्त, तुम्हारा चेहरा बतलाता है कि तुम गाते हो, कुछ सुनाओ वक्त की चीज़।"

मैं गद्गद हो गया, यह सोचकर कि वक्त की चीज़ सुननेवाला संगीत मर्मज्ञ है। तारीफ़ से मैं अभी कल तक उमड़ आता था; उमड़ जाने पर आदमी हल्का हो जाता है, न जाना था। गाने लगा। कुल्ली सिर हिलाने लगे। मैं देखता था,

ताल के साथ कुल्ली के सिर हिलाने का संबंध न था। आश्चर्य हुआ कि ऐसा समझदार यह क्या कर रहा है। इसके बाद कुल्ली ने सम की जगह समझकर "है" किया; यहाँ सम न थी। एक कड़ी गाकर मैंने गाना बन्द कर दिया।

कुल्ली ने कहा—"यार, तुम तो बहुत बड़े ऊँचे दर्जे के गवैए हो, हमारा इतना जाना न था।"

मैं फिर फूल गया। कुछ उस्तादों के नाम गिनाए, जिनमें कुछ से कुछ सीखा था, अधिकांश के नाम सुने थे, कहा—"इन सबसे मैंने यह विद्या ली है।"

मेरे गुरुत्व पर गंभीर होकर कुल्ली बोले—"हाँ, ये सब लोग राना साहब के यहाँ आते हैं। पर तुम्हारी और बात है। तुम्हारा गला क्या है। तुम्हारा गला है या जादू।"

मैं सयंत होने लगा, कुल्ली जो कुछ कह रहे हैं, ठीक है समझकर।

शाम हो रही थी। घर की याद आई। मैंने कहा—"अब चलना चाहिए।"

कुल्ली भावस्थ हो गए, फिर एक गर्म साँस छोड़ी, कहा—"अच्छा, चलो। हम लोग चलें।"

कुल्ली जिस रास्ते से ले चले, यह नया था। मेरे पूछने पर कहा—ज़रा ही दूर मेरा मकान है। अपनी चरण-रज से पवित्र तो कर दो।"

तब मैं ब्राह्मण था, इसलिए चरण-रज से पवित्र करने की ताक़त है, समझता था। कुल्ली के मकान के साथ कुल्ली का देह भी संलग्न है भाव-रूप से, इसलिए उसके पवित्र करने की बात भी मेरे मन में आई, क्योंकि मैं देख चुका था, कुल्ली की भली बात का व्यंग्य रूप से लोग बुरा अर्थ लगाते हैं, फलतः कुल्ली के पवित्र होने की ज़रूरत है। कुल्ली अब तक के आचरण से किसी तरह भी अनाचरणीय मनुष्य नहीं। उसका यह भाव लोगों में व्यक्त हो जाना चाहिए। चुपचाप कुल्ली के साथ चला जा रहा था। पुराने बाज़ार से कुछ आगे चौरासी पर कुल्ली का मकान था। कुल्ली ने घर का ताला खोला। गृह की यह दशा देखकर मैंने सोचा—कुल्ली त्यागी मनुष्य है। जंबुकों के वन में अकेला सिद्ध वेदांत-केसरी की तरह रहता है। कुल्ली ने लालटेन जलाई। फिर कहा—"यही झोंपड़ी है। घर में मैं अकेला रह गया हूँ। कुछ ज़मींदारी है। लड़के-बच्चे, ज़ोरू-जाते कोई नहीं। दो इक्के चलवाता हूँ, शौक़ से रहता हूँ। यह आदमियों को अच्छा नहीं लगता। मान लो, कोई बुरी लत हो, तो दूसरों को इससे क्या ? अपना पैसा बरबाद करता हूँ।"

बात मुझे संगत मालूम दी! मैंने कहा—"दूसरे की ओर उँगली उठाए बिना जैसे दुनिया चल ही नहीं पाती।"

कुल्ली खुश होकर बोले—"हाँ लेकिन दुनिया में हमारे-तुम्हारे जैसे आदमी भी

हैं, जो लोगों के उँगली उठाने से घबराते नहीं।''

कुल्ली ने बड़े स्नेह के साथ मुझे पान दिया, और मेरे पान लेते वक़्त ज़रा मेरी उँगली दबा दी। मैं बहुत खुश हुआ यह सोचकर कि ससुराल के संबंध से कुल्ली मेरे साले होते हैं, मुझसे दिल्लगी की है। मुझे खुश देखकर कुल्ली विचित्र तरह से तने। कुछ देर तक इस उत्तेजना का आनंद लेकर बोले—''कल तुम्हारा न्योता है मिठाई का, लेकिन किसी से कहना मत, क्योंकि यहाँ के लोग सीधी बात का टेढ़ा अर्थ लगाते हैं। कल नौ बजे तक आ जाओ।'' फिर बहुत दीन होकर बोले—''गरीबों पर कृपा की जाती है।''

आजकल जिस तरह लोग मेरा व्यंग्य नहीं समझते, उसी तरह पहले लोगों का व्यंग्य मेरी समझ में न आता था। मैंने कुल्ली का आमंत्रण स्वीकार कर लिया, और चलने को तैयार हुआ।

मेरे मुँह की ओर देखते हुए कुल्ली ने कहा—''पान भी क्या खूबसूरत बनाता है तुम्हें! तुम्हारे होंठ भी ग़ज़ब के हैं। पान की बारीक लकीर रचकर, क्या कहूँ, शमशीर बन जाती है।''

कुल्ली हृदय की भाषा में कह रहे थे, मैं कुल अर्थ ससुराल के संबंध से लगाता हुआ बहुत ही प्रसन्न हो रहा था।

मैं बढ़ा। कुल्ली बड़े रास्ते तक आए, और नमस्कार करके कहा—''कल सवेरे नौ बजे इंतज़ार करूँगा।''

...आठ का वक़्त हो गया था। मुझे मित्रवर कुल्ली की याद आई। तैयार होकर बाहर निकला। कुछ लोग बड़े रास्ते पर मिले। मुझे देखकर तारीफ़ करने लगे, डील-डौल, चाल-चलन की। मैं संयत मुद्रा से पैर बढ़ाए कुल्ली के घर की तरफ़ वाले रास्ते को बढ़ा। देखा, कुल्ली रास्ते पर खड़े थे। देखने के साथ पूरी स्वतन्त्रता के साथ क़दम उठाते हुए, मथुरा में नादिरशाह की सेना की तरह, मेरी तरफ़ बढ़े।

कुल्ली हृदय से लिपट गए—''आओ, आओ।'' मुझे मालूम हुआ, गंगा और यमुना का संगम है।

कुल्ली बड़े आदर से मुझे अपने घर ले गए। एक बड़ा आईना चारों ओर तीन-लड़ माला से सजा था। मेरे जाने के साथ-ही-साथ पकड़कर सामने जाकर खड़े हुए। मैंने देखा, बिना माला पहने हम दोनों माला पहने हुए हैं। कुल्ली की कला पर जी मुग्ध हो गया। कुल्ली आईने में मुझे देखकर हँसे। देखकर मैं भी मुस्कुराया। कुल्ली बहुत प्रसन्न होकर बोले—''अच्छा!''

फिर जल्दी-जल्दी भीतर एक कमरे में गए, और मिठाई की तश्तरी उठा लाए। पलंग के सामने एक ऊँची चौकी रखी थी, उस पर रख दी। फिर जल-भरा लोटा

और गिलास वहीं रख दिया, और मुझसे बड़े विनय स्वरों से खाने के लिए कहा।

मैं खाने लगा। कुल्ली विनीत चितवन से मेरा खाना देखते रहे। भोजन समाप्त होने पर उन्होंने हाथ धुलाया-पोंछाया। फिर पान दिया।

पान खाकर मैं पलंग पर बैठा। बड़ा सुंदर पलंग। सुंदर ग़लीचा बिछा। कुल्ली ने इत्र की एक शीशी दिखाई। कहा—"मैंने मँगा लिया है। रूह नहीं, क्योंकि मालिश तो करनी नहीं।" मैं अज्ञातयौवन युवक की तरह कुल्ली को देखने लगा। कुछ देर तक कुल्ली स्तब्ध रहे। मैंने देखा, कुल्ली का चेहरा बहुत विकृत हो गया है। मतलब कुछ मेरी समझ में न आया। कुल्ली अधीरता से एक दफ़ा उचके, लेकिन उचककर वहीं रह गए। मैं सोच रहा था, इसे कोई रोग है। कुल्ली ने एक दफ़ा भरसक प्रेम की दृष्टि से मुझे देखते हुए कहा—"तो मैं दरवाज़ा बन्द करता हूँ।"

लेकिन आवाज़ के साथ जैसे लरबराकर रह गए। कुल्ली से मुझे भय हुआ, इसलिए नहीं कि कुल्ली मेरा कुछ कर सकता है, बल्कि इसलिए कि कुल्ली के लिए जल्द डाक्टर दरकार है। घबराकर मैंने कहा—"क्या डाक्टर बुला लाऊँ?"

"ओह! तुम बड़े निठुर हो।" कुल्ली ने कहा।

मैं बैठा सोच रहा था कि कुल्ली की इस ऐंठन से मेरी निठुरता का क्या संबंध है। सोचकर भी कुछ समझ न पाया।

कुल्ली एकाएक उचके, अब के भरसक ज़ोर लगाकर, यह कहते हुए—"मैं ज़बरदस्ती..."

मुझे हँसी आ गई, खिलखिलाकर हँसने लगा। कुल्ली जहाँ थे, वहीं फिर रह गए। और वैसे ही कुएँ में डूबे हुए-जैसे कहा—"मैं तुम्हें प्यार करता हूँ।"

मैंने कहा—"प्यार मैं भी तुम्हें करता हूँ।"

कुल्ली सजग होकर तन गए, कहा—"तो फिर आओ।"

मेरी समझ में न आया कि कुल्ली मुझे बुलाता क्यों है। मैंने कहा—"आया तो हूँ।"

कुल्ली ने मुझसे पूछा—"तो क्या और कहीं भी नहीं...?"

बात एक भी मेरी समझ में ज्यों-ज्यों नहीं आ रही थी, त्यों-त्यों गुस्सा बढ़ रहा था। बोला—"साफ़-साफ़ कहो, क्या कहते हो ?" कुल्ली पस्त, जैसे लत्ता हो गए।

"अच्छा, नमस्कार" कहकर मैं बाहर निकला। वह रूप मुझे बिलकुल पसंद नहीं, इतना ही समझा।

कुल्ली की पहली मुलाक़ात का अंत हुआ।

कालांतर में कुल्ली से कई मुलाकातें हुईं। समय का प्रभाव कुल्ली पर बहुत

पड़ा। अब यह वह कुल्ली नहीं। इनमें सच्चा मनुष्य निकल आया, जिससे बड़ा मनुष्य नहीं होता। यह कुल्ली की पूर्ण परिणति थी। देश में अछूतोद्धार की समस्या थी। कुल्ली ने अछूत पाठशाला खोली। कोसों पैदल चलकर कांग्रेस के मेंबर बनाए। एक मुसलमानिन को बैठा कर नामर्द हिंदुओं के आगे आदर्श रक्खा। अयोध्याजी में मंत्र दिलाकर उसे शुद्ध किया।

कुल्ली में मनुष्यत्व रह-रहकर विकास पा रहा था। मुख पर दिव्य कांति क्रीड़ा कर रही थी। वह अदालती फ़ैशन का बिगड़ा कुल्ली आदर्श आदमी बन गया।[1]

...मैं लखनऊ आकर रहने लगा था, लेकिन इस बार जी नहीं लगा। कोई शक्ति मुझे दलमऊ की तरफ़ खींच रही थी, वहाँ की श्यामल-सजल प्रकृति, निर्मल गंगा, सुंदर घाट, दिगंत विस्तार रह-रहकर याद आने लगा। सबसे अधिक आकर्षण कुल्ली का। एक जैसे पारलौकिक स्नेह मौन आमंत्रण दे रहा था—तुम आओ, तुम आओ। इसी समय याद आया, बहुत दिनों से दलमऊ की कतकी नहीं नहाई। इस बार चलकर नहाएँ।

इस तरह तीन-ही-चार महीने के अंदर फिर दलमऊ गया।

इक्का ससुराल के सामने रास्ते पर रुका। आदमी आया। सामान उतार ले गया। सासुजी फाटक के सामने खड़ी हुईं। इक्केवाले को पैसे दिला दिए। उतरकर मैंने उनके चरण छुए, भीतर गया। सलहज साहबा तिदरे के सामने आकर खड़ी हुई। यह स्वागत था। साक्षात प्रकृति को मन में नमस्कार किया। त्रुटियाँ बहुत होती हैं, लेकिन इनकी कृपा के बिना पर्दा पार करना दुःसाध्य है, बहुत पहले से जानता था। भविष्य की भगवान् जाने। साले साहब भीतर थे, बाहर निकले। कहा—"जीजा, कुल्ली सख़्त बीमार हैं, आप बड़े मौके से आए। मुलाक़ात हो जायगी।"

मैंने पूछा—"हुआ क्या है?"

उन्होंने मुँह बिगाड़कर कहा—गर्मी। पहले थी, इधर दौड़े बहुत, क्वार की धूप सिर से उतरी, फ़ाक़े किए, बीमार हो गए। लेकिन जीजा, यहाँ कोई गाँव नहीं, जहाँ कुल्ली ने काँगरेस के नियमबर[2] नहीं बनाए। नीचे का पेट तक सड़ गया है। सेरों पस निकलता है। इतनी बदबू आती है कि कोई छन-भर नहीं ठहर सकता।

दूसरे दिन धूप निकलने पर मैं कुल्ली के यहाँ गया। बाद में लारी पर कुल्ली को रायबरेली ले जाया गया। उत्तरदायित्व बढ़ गया। दलमऊ के स्वयंसेवकों को लेकर कांग्रेस-कमेटी गया।

कुल्ली की मदद कर मैं रायबरेली से दलमऊ चला आया। दो-ही-तीन रोज़

1. कुल्लीभाट, 2. मेम्बर-सदस्य

में मालूम हुआ, कुल्ली का देहांत हो गया है; उनकी लाश दलमऊ लाई जा रही है। दलमऊ के स्वयंसेवक, अछूत और कांग्रेस-कार्यकर्ता जुलूस निकालेंगे। फिर नाव पर शव लेकर गंगाजी के उस पार अंतर्वेद[1] में जलाएँगे। दाह के लिए कुल्ली वंश के कोई दीपक बुलाए गए हैं। उनकी स्त्री चूँकि विवाहिता नहीं, इसलिए उसके हाथ अंतिम संस्कार न कराया जायगा। मैं स्तब्ध हो गया। कुल्ली का यह परिणाम देखकर, लेकिन साथ ही कस्बे-भर के मनुष्यों की उमड़ती हुई सहानुभूति से आश्चर्य भी हुआ। एक साधारण आदमी देखते-देखते इतना असाधारण हो गया। दुःख था, अब कुल्ली से मुलाक़ात न होगी। कुल्ली मुझे क्या समझने लगे थे, यहाँ लिखकर क़लम को कलंकित न करूँगा। उनके जीवन पर किसकी गहरी छाप थी, यह मुझसे अधिक कोई नहीं जानता। कुल्ली साधारण आदमी थी। हिंदी के सुप्रसिद्ध व्यक्ति प्रेमचंदजी और 'प्रसादजी' अंतिम समय में अपना एक-एक सत्य मुझे दे गए थे; वह मेरे ही पास रहेगा, इसलिए कि उसकी बाहर शोभा न होगी, कदर्थ होगा; उनकी महान् आत्माएँ कुंठित होंगी। ऐसा ही एक सत्य कुल्ली के पास भी था। मनुष्य अपने समझे हुए जीवन की समझ ऐसे ही परिवर्तन के समय पाता है, और देता है। कुल्ली कुछ पहले दे चुके थे, इन लोगों ने बाद को दी, इसलिए कि इनमें स्पर्द्धा करने वाला हिंदी में न था।

दूसरे की मैं नहीं जानता, मुझ पर एक प्रकार का प्रभाव पड़ता है, जो दुःख नहीं, नशे की तरह का है, जब किसी प्रियजन का वियोग होता है, या वैसा भय मुझमें आता है। कुल्ली का देहांत हो गया है, मैंने बैठके में सुना था। कुल्ली की लाश दलमऊ पहुँची, उस समय मैं बैठके में था। स्वयंसेवक दो बार बुलाकर तीसरी बार बुलाने आया, जब जुलूस निकल रहा था। मैं वहीं था, न जा सकने की बात कही। कुल्ली को फूँककर लोग वापस आए, मैं वहीं बैठा था। घर के लोग देख-देखकर लौट गए। शाम को प्रकृतिस्थ होकर भोजन किया। कुल्ली की स्त्री चिल्ला-चिल्लाकर आसमान फाड़ रही है, सुना करता था; जा नहीं सका। दस दिन हो गए। कुल्ली का दसवाँ समाप्त हो गया। अवश्य मुझे यह मालूम न था कि कुल्ली का दसवाँ हो गया, एकादशाह है।

एकादशाह के दिन दस बजे के करीब कुल्ली की स्त्री को देखने गया। उस समय वहाँ एक घटना हो गई थी, इसलिए कुल्ली की स्त्री में कुल्ली की अपेक्षा मुसलमानिनवाला भाव प्रबल था।

मुझसे स्वर को खींचकर कहा—"नंबरदार तो चले गए। उनका सब काम हो गया, लेकिन दस दिन तक जो लोग आए, रहे, वे आज एकादशाह को क्यों नहीं

---

1. स्थान विशेष

आएँगे ? मैं आपसे पूछती हूँ, यह हिंदुओं का खरापन है या दोग़लापन ?"

बात कुछ मेरी समझ में नहीं आई। मैंने कहा—"भाव ज़रा और साफ करके बताइए। मैं इतने से नहीं समझा।"

श्रीमती कुल्ली दोनों हाथ के पंजे उठाकर उपदेश की मुद्रा से बोलीं—"देखिए, आप तो आए नहीं। नंबरदार को दाग़ दिया—उनके हैं कोई, मैं नहीं जानती। अच्छा भाई, दाग़ दिया; तो दिया, दस रोज़ माना, ठीक है; दसवें दिन पंडित और टोला-पड़ोस, गाँव-घर के सब आदमी थे, दाग़ देने वाले ने मुझसे कहा, "इतना तो हम कर देते हैं। लेकिन सालभर हम न मान सकेंगे। हमें काम है, फिर हमारे चाचा भी बीमार हैं। अरे, हाँ, कुछ हो जाए, तो उनके भी कोई नहीं, इसलिए सपिंडी तुम ले लो।" पंडित ने भी कहा—"ठीक है, ले लो।" गाँव से दस भलेमानुसों ने भी कहा। मैंने कहा, "अच्छी बात है। पंडित जब कहते हैं, तब ले लें।" सपिंडी ले ली। अब आज होम है। पंडित को बुलाया, तो कहते हैं, हम न जाएँगे।"

मैंने पूछा—"क्यों ?"

जो बुलाने गया था, वह एक अछूत लड़का था। उसने कहा—"मन्नी[1] पंडित ने कहा है, एक तो यों ही हमारी बहन की शादी नहीं होती, क्योंकि हम गंगापुत्रों के यहाँ पंडिताई करते हैं। कुल्ली की स्त्री के घर होम कराने जाएँगे, तो कोई पानी भी न पिएगा।"

"सुन लिया आपने ?" कुल्ली की स्त्री ने कहा—"यही मन्नी पंडित कल कहते थे—'सपिंडी ले लो।' अगर तुम्हें काम नहीं करना था, तो तुमने कहा क्यों? और जब कहा, तब आओगे कैसे नहीं ? दस आदमी गवाह हैं।"

मैंने कहा—"यह अदालत तो है नहीं। जो नहीं जाना चाहता, उसे दूसरे मजबूर नहीं कर सकते।" मन्नी पंडित की दशा मुझे मालूम थी। वह कुलीन कान्यकुब्ज हैं। उनकी बहन प्रायः बीस साल की हो गई थी, कोई ब्याह नहीं करता था। कारण, वह गंगापुत्रों के यहाँ यजन करते थे, उनका धान्य लेते थे। मन्नी के लिए उपाय जीविका का न था।

मैंने कहा—"आप घबराइए नहीं। आपका काम हो जाएगा।"

कुल्ली की स्त्री ने आश्वास की साँस ली। कहा—"अब आप ही लोग हैं।" कहकर, कृत्रिम करुणा से जैसे कंठावरोध हो गया—आँखों में आँसू आ गए हों—आँचल एक दफा आँखों पर फेर लिया। फिर जोश में आकर बोली—"बिना आपके गए वे न आएँगे। आप ऐसे ही कहिएगा कि..."

"मैं समझ गया," मैंने कहा—"मेरी वहाँ जरूरत नहीं। नहाकर मैं यहीं आता

1. व्यक्ति विशेष

हूँ। तब तक आप एक दफा पंडित को और बुला भेजें। मैं अभी आता हूँ। वह न आएँगे, तो मैं हवन करा दूँगा।''

कुल्ली की स्त्री को जान पड़ा, साक्षात् वशिष्ठजी उनके घर आ रहे हैं।

मैं ससुराल की तरफ़ लौटा। रास्ते में ज्योतिषीजी का मकान है। इस खानदान पर मेरी एक-सी श्रद्धा चली आती है। ज्योतिषीजी मुझसे बड़े हैं। प्रणाम कर मैंने तिथि और संवत् वग़ैरा पूछा। ज्योतिषीजी चौंके। मैं किस काट और कोटि का आदमी हूँ, जानते हैं। पूछा—''क्या करोगे ? तुम और तिथि !''

मैंने कहा—''मन्नी पंडित बहन के ब्याह के डर से कुल्ली के घर नहीं जाना चाहते। हवन कराऊँगा। 'मासानां मासोत्तमे' तो हर महीने आप लोग कहते हैं। संकल्प में तिथि जान लेना जरूरी है।''

पंडितजी ने पूछा—''हवन कैसे कराओगे ? क्या तुम यह सब जानते हो ?''

''जानता तो दरअसल कुछ नहीं,'' मैंने कहा, ''लेकिन यह जानता हूँ कि हवन में ब्रह्म से लेकर देव-दानव, यक्ष-रक्ष, नर-किन्नर, सबमें चतुर्थी लगती है, बाद में 'स्वाहा'। और, इतनी संस्कृत मुझे आती है कि कुल बातें अपनी रची संस्कृत में करूँ। यहाँ के पंडितों से क्रिया शुद्ध होगी। क्या कहते हैं ?''

पंडितजी ने कहा—''हाँ, यह तो है।''

''अच्छा, पंचांग दीजिए !'' मैंने कहा—''जल्दी।''

पंचांग लेकर ससुराल गया। मेरे हाथ में देशी जूता देखकर सासुजी को उतना आश्चर्य न होता, जितना पंचांग देखकर हुआ। पूछा—''यह क्या है, भैया ?''

''पंचांग।'' मैंने कहा—''चौकी और घड़ा-भर पानी रखा दीजिए। जल्दी है, नहा लूँ।''

''क्या है ?'' सासुजी ने आश्चर्य से पूछा।

''मन्नी पंडितजी कुल्ली के एकादशाह को नहीं गए, सपिंडी कुल्ली की स्त्री ने ले ली है, इसलिए; कहते हैं, एक तो यों ही गंगापुत्रों की पुरोहिती के कारण लोग पानी पीते डरते हैं, फिर तो बहन बैठी ही रह जायगी।'' पंचांग रखकर मैं कपड़े उतारने लगा।

शंकित होकर सासुजी ने कहा—''तो तुम यह सब क्या जानो ?''

''मैं जानता हूँ।'' मैंने कहा।

''तो तुम वहाँ पुरोहिती करने जाओगे।''

''हाँ! और, एक जोड़ा जनेऊ निकाल लीजिए, पहन लूँ नहाकर।''

सासुजी घबराईं। कहा—''बच्चा, तुम हमें मेटोगे!''

''कैसे?'' चौकी की ओर चलते हुए पूछा।

"ऐसे कि लोग हमारे यहाँ का खान-पान छोड़ेंगे।"

मैंने कहा—"मैं आपका ससुर हूँ या अजियाससुर ? मेरे पापों का फल आपको क्यों भुगतना पड़ेगा, मेरा दिया हुआ पिंड-पानी जबकि आपको नहीं मिल सकता। आप मुझे चौके में न खिलाइए, बस।"

सासुजी रोने लगीं। मैं नहाने लगा। नहाकर जनेऊ पहना। कहा—"मैं जनेऊ नहीं पहनता, यहाँ वाले जानते थे। तभी यहाँ का खान-पान छोड़ दिया होता। मैं ढोंगियों को जानता हूँ।"

नहाकर कपड़े पहने। चलने को हुआ, तो सासुजी को जैसे होश हुआ। बोलीं—"खाए जाओ।"

मैंने कहा—"लौटकर खाऊँगा।"

"नहीं," सासुजी ने कहा—"तुम वहाँ खा लोगे।" अपनी बहू से कहा—"गुट्टो, परस तो जल्दी।"

जल्दी-जल्दी भोजन कर मैं निकला। देखता हूँ, चारों आरे से लोगों का ताँता बँधा है—सब कुल्ली के घर जा रहे हैं। 1937 ई.। मैं काफ़ी प्रसिद्ध हो चुका था, कुछ प्राचीन भी, 40 पार कर चुका था। एकादशाह कराने जा रहा हूँ, वहाँ के जीवन में सबसे बड़ा आश्चर्य था।

कुल्ली के घर में आदमी नहीं अँट रहे थे। सबमें कौतूहल की दृष्टि। कुल्ली की स्त्री में भी वैसी ही श्रद्धा! वह समझती थी, मैं कृतार्थ हो गई! लोग मुझे देखकर शर्मा-शर्माकर कानाफूसी करने लगते थे। बहुतों को यह शंका थी, यह कैसे कराएँगे। मैं निश्चिंत था। मुख देखकर लोगों को विश्वास हो जाता था।

यथासमय मैं आँगन में जाकर बैठा। सामने हाथ जोड़कर कुल्ली की स्त्री बैठी। लोग कोई खड़े, कोई बैठे। कोई भीतर, कोई बाहर। मैं चौक पूरने लगा। सुरबग्घी लड़कपन में बहुत खेल चुका था। वैसा ही एक चौकोर घेरा बनाया। लेकिन जानता था कि नौ कोठे नवग्रहों के बनते हैं, बनाए। बालू की वेदी पर हवन की लकड़ी रक्खी। घट में स्वस्तिका बनाई। सामने गौर रक्खी। घट का दिया जलाया।

मंत्र पढ़ते वक्त बार-बार अटकता था, क्योंकि पंडिताऊ स्वर नहीं निकल रहा था। कुछ देर सोचता रहा, ब्रजभाषा-काल में हूँ, सूरदास का सूरसागर और तुलसीदास की रामायण पढ़ रहा हूँ। अपने आप वैसा ही मनोमंडल बन गया। फिर क्या; अपनी संस्कृत शुरू की। संकल्प, गणेश-पूजन, गौरी-पूजन, घट की प्राण-प्रतिष्ठा करने लगा। लोग प्रभावित हो गए। खड़े जो जैसे रहे, रह गए, जैसे कवि-सम्मेलन में कविता पढ़ते वक्त होता है। पूजन कराकर हवन कराने लगा, उँगली के पोरों में संख्या रख रहा हूँ, दिखाता हुआ। घी मेरे पास था। सांकल्य कुल्ली की स्त्री के पास। कुछ

जाने-पहचाने नाम तो लिए, फिर जो जीभ के सामने आया, उसी के पीछे चतुर्थी जोड़कर 'स्वाहा' कहने लगा। कह दिया था, मेरे कहने के बाद कुल्ली की स्त्री स्वाहा कहती थी। हवन में जितनी देर लगती है लगी। देखने वाले अब तक पूर्ण रूप से आश्वस्त और विश्वस्त हो गए थे। पीछे की गर्द झाड़कर उठ-उठ चलने लगे थे। कुछ सहनशील बैठे हुए थे।

हवन पूरा हो जाने पर साल-भर ब्रह्मचर्य के साथ पति की क्रिया करते रहने की प्रतिज्ञा कराई, यहाँ भी अपनी संस्कृत थी—'मैं पं. पथवारीदीन की धर्मपत्नी' की संस्कृत उपस्थित लोगों में प्रायः सभी समझे। सुनकर मुस्कुराए। एक छोर से दूसरे छोर तक दौड़ी इस मुस्कान के भीतर मैंने कुल्ली की एकादशाह-क्रिया समाप्त की। यजमान को आशीर्वाद देकर सीधा भेज देने के लिए कहा, और बाहर निकला।

बाहर निकल रहा था कि आलोचना सुन पड़ी—"सब ठीक हुआ। बन गई कुल्ली की।"

खाँसकर गंभीर मुद्रा से मैं ससुराल की तरफ बढ़ा।

शाम को कुल्ली के यहाँ से सीधा आया। मैंने सासुजी से कहा—"रखा लीजिए। आप लोग इसमें से कुछ न लीजिए। कल पूड़ी बना दीजिएगा।"

देखकर सासुजी ने कहा—"एक दफ़े में तुम्हारे खाए न खाया जायगा, इतना घी है।" मैं गंभीर होकर रह गया।

दूसरे दिन सवेरे, जैसी आदत थी, चिकवे के यहाँ से गोश्त ले आया।

देखकर सासुजी ने कहा—"भैया, तुम तो आज पूड़ी के लिए कहते थे।"

मैंने कहा—"कुल्ली की स्त्री पहले मुसलमानिन थीं; इसलिए प्रकृति ने उनके संस्कारों के अनुसार मुझे गोश्त खाने के लिए प्रेरित किया है। इसमें दोष नहीं।"[1]

---

1. कुल्लीभाट

मैं ही बसन्त का अग्रदूत[1]

जिस तरह संसार के बड़े-बड़े कवियों के लिए कहा जाता है कि सात-आठ की उम्र से कविता लिखने लगे थे, उसी प्रकार अल्प-बुद्धि मैं भी लिखने लगा था। लेकिन, तब बंगाली में लिखता था। अब उसका कोई चिह्न शेष नहीं। व्याकरण की शिक्षा पूरी करने के पहले 'जुही की कली' लिखी थी, जो व्याकरण की दृष्टि से बाद को पूरी उतरी।

अनेक आवर्तन के बाद मैं पूर्ण रूप से साहित्यिक हुआ। कुछ ही दिनों में कविता-क्षेत्र में जैसे चूहे लग जायँ, इस तरह कवि-किसानों और जनता-ज़मींदारों में मेरा नाम फैला। साल ही भर में इलाहाबाद के श्रीहर्ष और कलकत्ते के कालीदास हिंदी के काव्य का उद्धार करने के लिए आ गए, एक ही समय में। पुराने स्कूलवालों ने अपनी मोर्चाबंदी की, और लड़ाई छेड़ दी, पर हार-पर-हार खाते गए; कारण, बुद्धि की बारूद नहीं थी। एयरमन की फुट्ट-फैर होकर रह गई। इस तरह अब तक अनेक लड़ाइयाँ हुईं। पर नए लड़नेवालों से लड़ने पर पुराने बराबर हारे हैं।

...अस्तु, हिंदी के काव्य-साहित्य का उद्धार और साहित्यिकों के आश्चर्य का पुरस्कार लेकर मैं गाँव आया। गाँव से ससुराल गया।

इस समय, कुछ प्रसिद्ध हो जाने के कारण, बस्ती के स्कूल-कॉलेज के पढ़नेवाले लड़के भी आते थे, उन्हें भी समय देना पड़ता था। प्रायः सबका पहला प्रश्न 'छायावाद क्या है' रहा। मैं उत्तर देता-देता अभ्यस्त हो गया था। समझने में देर न होती थी; यद्यपि लड़कों की समझ में कुछ न आता था। बाद को आश्वासन देता था कि बाद में समझिएगा।

इन्हीं दिनों श्रीमान् बाबू इकबाल वर्मा साहब 'सेहर' से वहाँ मुलाक़ात हुई। अपनी सज्जनता और शुद्ध साहित्यिकता के कारण वह स्वयं पहले मुझसे मिलने आए थे—यह मालूम कर कि मैं वहाँ हूँ। मुझे यह जानकर बड़ी खुशी हुई कि 'सेहर' साहब

1. हिन्दी के सुमनों के प्रति

की और मेरी एक ही बस्ती में ससुराल है।

'सेहर' साहब ने कविता सुनाने की आज्ञा दी, मैंने सुनाई। सब जगह एक बात मैंने देखी, मेरी कविता पढ़कर लोग नहीं समझे, सुनकर समझे, और इतना समझे कि मुझे 'श्रुति' पर ही कविता को छोड़ना पड़ा।

...हिंदी में 'जुही की कली' मेरी पहली रचना है। आलोचकों द्वारा इसका सौंदर्य-प्रदर्शन नहीं किया गया। यह ऐसी रचना नहीं कि सूक्तिरूप इसका एक अंश उद्धृत किया जा सके। इसकी कला इसके संपूर्ण रूप में है, खंड में नहीं। सूक्तियाँ उपदेश मैंने बहुत कम लिखे हैं, प्रायः नहीं, केवल चित्रण किया है।[1]

मैं कवि हूँ, पाया है प्रकाश,
मैंने कुछ अह-रह-रह निर्भर-
ज्योतिस्तरणा के चरणों पर।
सोचा है नत हो बार-बार,
यह हिन्दी का स्नेहोपहार।
यह नहीं हार मेरी भास्वर;
यह रत्न-हार लोकोत्तर वर।
अन्यथा जहाँ है भाव शुद्ध-
साहित्य-कला-कौशल-प्रबुद्ध।
हैं दिए हुए मेरे प्रमाण-
कुछ वहाँ प्राप्ति को समाधान।
पार्श्व में अन्य रख कुशल हस्त-
गद्य में, पद्य में समाभ्यस्त!![2]

---

1. कुल्लीभाट, 2. सरोज स्मृति

मैं अकेला!

पूज्यपाद आचार्य महावीरप्रसाद द्विवेदीजी महाराज ने समन्वयवालों से मेरा परिचय कराया। क्रमशः अनुकूल समय के आने पर मैं 'समन्वय'[1] का संपादक (प्रत्यक्ष विचार से सहायक) होकर कलकत्ता गया। द्विवेदीजी ने मेरे लिए कई प्रयत्न किए। मुझ पर द्विवेदीजी की पहले बड़ी कृपा थी, बाद में मेरे 'मतवाला' में चले जाने से और असमर्थित साहित्य की सृष्टि करने से असंतुष्ट हो गए थे।

हिंदी के दुर्भाग्य से 'समन्वय'-जैसा पत्र नहीं चला। कई साल के घाटे के बाद पत्र को बंद कर देना पड़ा।

'समन्वय'-संपादन-काल में मेरा परिचय 'मतवाला'[2] के सुयोग्य संपादक बाबू महादेवप्रसाद जी सेठ से हुआ। श्रीमान् सेठजी को मेरी कविता में तत्त्व दिखलाई पड़ा, इसी पर उस वेदांत-विषयक नीरस सांप्रदायिक पत्र का संपादन-भार छोड़कर 'मतवाला' में आया।

मैं 'मतवाला' में व्याकरण पर आलोचनाएँ लिखा करता था। आलोचनाएँ यथार्थता लिए जितनी भी हों, कटुता लिए अवश्य थीं। आज जिन लेखकों और संपादकों पर मेरी श्रद्धा है, तब उस समय मैंने अपनी श्रद्धा उन्हें नहीं दी। आज मैं करबद्ध होकर कटुता से समालोचित पूज्य साहित्यिकों से क्षमा चाहता हूँ।[3]

स्वर्गीय समादर्श मित्रवर 'मतवाला'-संपादक आदरणीय श्रीबाबू महादेव प्रसादजी सेठ मेरी रचनाओं के पहले प्रशंसक हैं। तब मेरी कृतियाँ पत्र-पत्रिकाओं से प्रायः वापस आती थीं। मैं भी उदास और निराश हो गया था। महादेव बाबू विद्वान व्यक्ति थे, साथ-साथ तेजस्वी और उदार। यद्यपि उनसे मेरा परिचय मेरे समन्वय-संपादन-काल में हुआ, फिर भी वेदांतिक साहित्य से खींचकर हिंदी में परिचित और प्रगतिशील मुझे उन्होंने किया, अपना 'मतवाला' निकालकर। मेरा उपनाम 'निराला' मतवाला के ही अनुप्रास पर आया था। उनकी तारीफ़ में मैंने जब-जब कलम उठाई, लेखनी रुक गई। वह मुझे कितना चाहते थे, इसका उल्लेख

1. 1921, 2. 1923, रविवार श्रावणी पूर्णिमा 26 अगस्त, 3. वर्तमान धर्म

असंभव है, और यह ध्रुव सत्य है कि वह न होते, तो 'निराला' भी न आया होता।[1]

इधर (मतवाला, संपादन-काल में) कई प्रहार मिलने पर भी मैंने चुपचाप अपमान बरदाश्त कर लिया। असह्य उत्तेजना मिलने पर हमने उत्तर देने का विचार किया। उन सबके प्रतिकूल लिखकर मैं दुःखी भी हुआ हूँ। मेरा कवि सदा निरपराध रहा है, पर दुर्घटनाएँ मेरे ही साथ हुईं।[2]

मुझे स्नेह क्या मिल न सकेगा?[3] स्तब्ध दग्ध मेरे मरु का तरु क्या करुणाकर खिल न सकेगा ?

'मतवाला' निकालते वक्त चारों तरफ़ आवारागर्द की तरह सैकड़ों चक्कर लगाता—शंकर घोष लेन में, जहाँ से 'मतवाला' निकलता था।

'मतवाला' के बाद 'रँगीला'। अकेला बड़ी परेशानी में था। पहला अंक बाज़ार में ऊँचा कहा गया। दूसरा ठीक, पूरे कुल कालम भिन्न-भिन्न दूसरे नामों से मैंने ही भरे।[4] पहला तो स्पष्ट ही। तीसरे में अस्वस्थ होकर गिरा दिया। चौथा सँभालने का विचार था, शिकस्त हो गया। ...अकेला था। सब विषय हर हफ्ते कहाँ तक पूरे करूँ, छापे की ग़लतियाँ भी होती थीं। प्रेस अपना नहीं, प्रेस की मशीन अपनी नहीं, अपनी इच्छा की मैंने प्रतिकूलता की मित्रों के अनुकूल होने के लिए।[5]

मैं अकेला।
देखता हूँ आ रही मेरे दिवस की सांध्य-वेला।
पके आधे बाल मेरे, हुए निष्प्रभ गाल मेरे।
चाल मेरी मंद होती जा रही, हट रहा मेला।[6]

---

1. अनामिका समर्पण 2. पंतजी और पल्लव(प्रबन्ध पद्य), 3. अपरा, 4. साहित्यिक सन्निपात और वर्तमान धर्म(प्रबन्ध प्रतिमा), 5. 4 जून 1932 बालकृष्ण प्रेस, चितपुर रोड, कलकत्ता, 6. अपरा

स्वामी सारदानंदजी महाराज और मैं

उन दिनों 1921 ई. थी। एक साधारण से विवाद पर विशद महिषादल राज्य की नौकरी नामंजूर-इस्तीफे पर भी छोड़कर मैं दिहात में अपने घर रहता था। कभी-कभी आचार्य पं. महावीरप्रसाद जी द्विवेदी के दर्शनों के लिए जुही (कानपुर) जाया करता था। इससे पहले भी, जब 1919 में हिन्दी और बंगला के व्याकरण पर लिखा हुआ मेरा लेख शुद्ध कर, 'सरस्वती' में छपकर 1920 में उन्होंने साहित्य-सेवा से अवकाश ग्रहण किया, दौलतपुर में उनके दर्शन कर चुका था। साहित्य में द्विवेदीजी का गुरुत्व मैं उन्हीं के गुरुत्व के कारण मानता था। अपने किसी अर्थ-निष्कर्ष या स्वार्थ-लघुत्व के लिए नहीं। पर इष्ट तो निर्भर भक्त की भक्ति की ओर देखता ही है। द्विवेदीजी भी मेरी स्वतंत्रता से पैदा हुई आर्थिक परतन्त्रता पर विचार करने लगे। आज ही की तरह उन दिनों भी हिन्दी की मसजिदों पर मुरीद द्विवेदीजी की नमाज पढ़ते थे, लिहाजा उनकी कोशिश से किसी अखबार के दफ्तर की जगह पा जाऊँ—कारगर हुई। दो पत्र उन्होंने अपनी आज्ञा से चिन्हित कर गाँव के पते पर मेरे पास भेज दिए। एक काशी के प्रसिद्ध रईस राजनीतिक नेता का था। एक कानपुर ही का। काशी वाले में आने-जाने का ख़र्च देने के विवरण के साथ योग्यता की जाँच के बाद जगह देने की बात थी। कानपुर वाले में लिखा था—"इस समय एक जगह 25 रुपए की है। अगर वह चाहें, तो आ जायँ।" मालूम हो कि यह सब उदारता द्विवेदीजी अपनी तरफ से स्नेहवश कर रहे थे। अवश्य मेरे पास शिक्षा का जो प्रमाण-पत्र है, उस योग्यता की पूरी-पूरी रक्षा जगह देने वालों ने की थी, तथापि सिपहगरी के समतल क्षेत्र से सूबेदारों तक के सुस्तर उन्नति-क्रम पर अविचल श्रद्धा न मुझे पहले थी, न अब भी है। फलतः उन पत्रों ही को मेरी अशिक्षा के कारण स्थान-प्राप्ति हुई, मेरी जेब में प्रमाण के तौर पर अपने सुलेखकों के पास वापस जाने का, सौभाग्य उन्हें न मिला। मेरे अन्दर मर्यादा का ज्ञान अत्यन्त प्रबल है। इसकी जानकारी पूज्य द्विवेदीजी को स्वतः उत्तरदायी पद दिलाने की ओर फेरने लगी। पर द्विवेदीजी करते भी क्या ? प्रमाण जो न था। जो कुछ भी साहित्य-सेवा की प्रबल

प्रेरणा से मैं लिखता था, वह एक ही सप्ताह के अन्दर संपादक महोदय की अस्वीकृति के साथ मुझे पुनः प्राप्त हो जाता था। केवल दो लेख और शायद दो कविताएँ छप पाई थीं। सो भी जब हिन्दी के छन्दों में बड़ी रगड़ की और लेखों में कलम की पूरी ऊँचाई की आवाज से हिन्दी की प्रशंसा। अस्तु, इन्हीं दिनों स्वामी माधवानन्दजी, प्रेसिडेंट, अद्वैत आश्रम (रामकृष्ण-मिशन), मायावती, अल्मोड़ा, हिन्दी में एक पत्र निकलने के विचार से पत्रों में विज्ञापन करते हुए संपादक की तलाश में द्विवेदीजी के पास जूही आये। उस समय मेरी एक कविता, जो 'परिमल' में 'अध्यात्म-फल' के नाम से छपी है, 'प्रभा' में प्रकाशित हुई थी। उतने ही प्रत्यक्ष आधार पर आचार्य द्विवेदीजी स्वामीजी के पत्र के लिए मेरी योग्यता की सिफारिश कर चले। उनकी तकलीफ आप समझ सकते हैं। स्वामीजी ने मेरा पता नोट कर लिया और मुझे एक चिट्ठी योग्यता के प्रमाण-पत्र भेजने की आज्ञा देते हुए लिखी। बंगाल में रहकर परमहंस श्रीरामकृष्णदेव तथा स्वामी विवेकानंदजी के साहित्य से मैं परिचय प्राप्त कर चुका था। दो-एक बार श्रीरामकृष्ण मिशन, बेलूड़, दरिद्र नारायणों की सेवा के लिए भी जा चुका था। श्रीपरमहंसदेव के शिष्य श्रेष्ठ पूज्यपाद स्वामी प्रेमानन्दजी महाराज को महिषादल में अपना तुलसीकृत रामायण का स्वर पाठ सुनाकर उनका अनुपम स्नेह तथा आशीर्वाद प्राप्त कर चुका था। स्वामी माधवानन्दजी को पत्रोत्तर में अपनी इसी योग्यता के हृष्ट-पुष्ट प्रमाण दिए। स्वामीजी का वह पत्र अंग्रेजी में था और मेरा उत्तर बंगला में। कुछ दिनों के बाद द्विवेदीजी के दर्शनों के लिए फिर गया तो मालूम हुआ कि कलकत्ता में एक सुयोग्य साहित्यिक स्वामीजी को सम्पादन के लिए स्वयं प्राप्त हो गए हैं। घर लौटने पर उनका एक पत्र मुझे भी बंगला में लिखा हुआ मिला—धैर्य धारण करो। प्रभु की इच्छा होगी, तो आगे देखा जायगा।

इसी समय महिषादल-राज्य से मुझे तार मिला कि जल्द चले आओ। मैंने सोचा, जब नामंजूर इस्तीफे पर हठवश चले आने का दोष ही हटा दिया गया, तो अब जाने में क्यों दुविधा करूँ। मैं महिषादल गया। पर 'राजा, जोगी, अग्नि, जल की उल्टी रीति' वाली याद न रही। यहाँ 'समन्वय' के सार्थक नाम से एक सुन्दर पत्र प्रकाशित हुआ। मेरे पास भी वह लेख के तकाजे के साथ गया। मैंने उनमें 'युगावतार भगवान श्रीरामकृष्ण' ऐसा एक लेख लिखा। जब वह प्रकाशित हुआ, तब मैंने द्विवेदीजी की राय माँगी। उन्होंने उस लेख को पढ़कर बधाई दी। मैं मौलिक लेख लिख सकता हूँ, आचार्य द्विवेदीजी के उस आशीर्वाद का सदुपयोग मैं अपने ही भीतर तब से अब तक करता जा रहा हूँ। कई और भी मेरे साहित्यिक पूज्यपादों ने उस लेख की विचारणा और भाषा-शैली के लिए प्रोत्साहन दिया। 'समन्वय' में एक बड़ी अड़चन पड़ी और

यह हिन्दी और बंगला बोलने वालों में, मेरे विचार से, शायद अभी बहुत दिनों तक रहेगी। इधर मेरे सामने भी राजा वाली उल्टी रीति पेश हुई। इसी समय 'समन्वय' के मैनेजर स्वामी आत्मबोधानन्द जी ने मुझे लिखा कि बंगालियों के भावों को समझने के लिए वहाँ एक ऐसा आदमी चाहिए, जो बंगाली जानता हो। हमें अड़चन पड़ती है। तुम चले आओ। मैंने जाकर देखा, 'समन्वय' के आठ ही महीने में दो सम्पादक बदल चुके थे। सम्पादक की जगह नाम स्वामी माधवानन्दजी का छपता था। वह हिन्दी भी बहुत अच्छी जानते हैं। काम तथा हिन्दी की विशेषता की रक्षा के लिए 'समन्वय' में एक हिन्दी-भाषी सम्पादक रहता था। इस तरह मैं 'समन्वय' में जाकर स्वामीजी महाराज के साथ, 'उद्‌बोधन' कार्यालय, बागबाजार में रहने लगा। यहीं पहले-पहल आचार्य स्वामी सारदानन्दजी महाराज के दर्शन किए। यह 1922 की बात है।

स्वामी सारदानन्दजी इतने स्थूल थे कि उन्हें देखकर डर लगता था। यद्यपि डर वाली बात मेरे पास बहुत पहले ही से कम थी, और भूतों से साक्षात्कार करने के लिए रात-रात भर श्मशानों की सैर करता रहा था, और आधी रात को घर से निकलकर पैदल आठ-नौ कोस ज़मीन चलकर सुबह आचार्य द्विवेदीजी के दर्शन किए थे, फिर भी स्वामी सारदानन्दजी की ओर बहुत दिनों तक मैं देख नहीं सका। पर मैं आँखें झुकाकर, प्रणाम कर उनकी सभा में कभी-कभी बैठ जाता था, बातचीत सुनने के लिए। किसी दर्शन या धर्मग्रंथ का पाठ होने पर उठकर चला आता था, क्योंकि दार्शनिकता की मात्रा यों भी दिमाग में बहुत ज्यादा थी। जी घबरा उठता था। स्वामीजी की वार्तालाप-सभा में महीनों मैंने संयम रक्खा। कुछ बोलकर बेवकूफ न बनूँगा, सिद्धान्त स्थिर कर लिया था। बाहर के आए हुए विद्वानों को देखता भी था, अंट-संट बकते जा रहे थे। न सर, न पूँछ। उनकी आवाज की किरकिराहट अर्थ से पहले अनर्थ व्यंजित करती थी। स्वामीजी मेरी 'यावत्किंचिन्नभाषते' नीति पर प्रसन्न होकर मुस्कुराते थे। एक रोज धैर्य जाता रहा। मैंने पूछा, "यह संसार मुझमें है, या मैं इस संसार में हूँ।" उन्होंने बड़े स्नेह से कहा—"इस तरह नहीं।"

हमारे यहाँ की जैसी संस्कृति थी, मैं बचपन से सन्तों की सूक्तियों पर भक्ति व्यक्त करता हुआ विशेष रूप से ईश्वरानुरक्त हो चला था। इसलिए सो जाने पर देवताओं के स्वप्न बहुत देखता था। जो देव जाग्रत अवस्था में कभी नहीं बोले, मैं ही बातचीत करता थकता, वे सो जाने पर दम न भरते थे। इसे धर्म-ग्रंथों में शुभ लक्षण कहा है। पर मेरे लिए यह उत्तरोत्तर अशुभ हो चला। क्योंकि बराबर यह प्रश्न जारी रहा कि मूर्तियाँ जाग्रत अवस्था में क्यों नहीं बोलतीं। एक रात की अनिद्रा और दिन की उधेड़बुन के शुभ लक्षण सहज ही अनुमेय हैं। क्रमशः दार्शनिकता प्रबल

हो चली। धीरे-धीरे देवताओं के कथोपकथन के फलस्वरूप घोर नास्तिक भी शांतिचित्त हो गया। जब 'समन्वय' के संपादन के लिए गया था, तब यही दशा थी। आस्तिकता पहले के उपार्जित संस्कार या धूप-छाँह की सार्थकता की तरह आती थी। एक दिन मैंने स्वामी जी से कहा, "सो जाने पर मेरे साथ देवता बातचीत करते हैं।" वह सस्नेह हँसकर बोले, "बाबूराम महाराज से भी करते थे।" स्वामी प्रेमानन्दजी का पहला नाम श्रीबाबूराम था। इनका जिक्र मैं कर चुका हूँ कि श्री रामकृष्ण के शिष्यों में पहले इन्हीं के दर्शन मैंने महिषादल में किए थे। इस प्रसंग के कुछ ही दिनों में मैं अपने एक बंगाली मित्र के बिस्तरे पर सो रहा था। दुपहर को सोने का अभ्यास। देखता हूँ कि स्वामी सारदानन्दजी महाध्यान में मग्न हैं। ईश्वरीय विभूति से युक्त ऐसी मूर्ति मैंने आज तक नहीं देखी–कमलासन बैठे हुए, ऊर्ध्वबाहु, मुदितनेत्र, मुख-मंडल पर महानन्द की दिव्य ज्योति, जो कुछ है, सब ऊपर उठा जा रहा है। इसी समय उनके सेवक एक संन्यासी महाराज उन्हें खिलाने के लिए रसगुल्ले ले गए। उसी ध्यानावस्थित अवस्था में स्वामीजी ने मेरी ओर इशारा किया। सेवक महाराज ने लौटकर मुझे रसगुल्लों का कटोरा दे दिया। मैं गया और एक रसगुल्ला खिलाकर लौट आया। कटोरा सेवक संन्यासी महाराज को दे दिया।

बस आँख खुल गई। मेरा मस्तिष्क हिम-सीकरों-सा स्निग्ध हो गया। उनमें महाज्ञान का कितना बड़ा प्रत्यक्ष प्रमाण मैंने देखा, मैं क्या कहूँ ?

पर मेरी विरोधी शक्ति बराबर प्रबल रही। तीव्र तीक्ष्ण दार्शनिक वज्रप्रहारों से बराबर मैं मन से उनका अस्तित्व मिटाता रहा। मिटा देता था, तभी काम कर सकता था, पर वह काम–जो घर के लिए, संसार के लिए बन्धनों से मुक्त होने वाला सामाजिक और साहित्यिक उत्तरदायित्व लिए हुए था। पर आकाश से सीमावकाश में आकर भी मैं आकाश में ही रहता हूँ, ज्यों-ज्यों लड़ता गया–जुदा होता गया, वह भाव प्रबल होता रहा। जीवमुक्त महापुरुष क्या हैं, मैं अब और अच्छी तरह समझने लगा। मैं प्रहार करता हुआ जब थक जाता था, तब मेरे मनस्तत्व के सम्य-स्वरूप स्वामी सारदानन्दजी मुझे रंगीन छाया की तरह ठठाकर हँसते हुए तर कर देते थे। इन महादार्शनिक महाकवि स्वयंभू, मनस्वी, चिर-ब्रह्मचारी, संन्यासी, महापंडित, सर्वस्वत्यागी साक्षात् महावीर के समक्ष देवत्व, इंद्रत्व और मुक्ति भी तुच्छ है। मैंने भी देश तथा प्रदेशों के बड़े-बड़े कवियों, दार्शनिकों, पंडितों तथा पुरुषों के साथ एक सर्वश्रेष्ठ उपाधि से भूषित किये हुए अनेकानेक लोगों को देखा है, पर वाह रे संसार! सत्य की कितनी खरी जाँच तूने की। महाविद्या और महापुरुष-चरित्रों की कितने पोच मस्तिष्कों का तूने पता लगाया। मैं ब्राह्मण था। कभी किसी मनुष्य को सिर नहीं झुकाया। मेरे चरित्र का पूरा अध्ययन कीजिए।

चरित्र और ज्ञान, जीवन और परिसमाप्ति में जो 'एजति, न एजति' को सार्थक करने वाले ब्रह्म थे, उन्होंने अपनी पूर्णता देकर मेरी स्वल्पता ले ली। अब दोनों भाव उन्हीं के हैं। एक से वह लड़ते हैं, दूसरे से बचते हैं। यही मेरा जीवन है।

स्वामी सारदानंदजी के जिन सेवक संन्यासी के हाथ से कटोरा लेकर स्वप्न में मैंने स्वामीजी को रसगुल्ला खिलाया था, उन्होंने मुझसे एक रोज एकाएक कहा—''तुम मंत्र नहीं लोगे, जाओ।'' मैंने सोचा प्रसाद की तरह मंत्र भी बँटता होगा, लेने में हर्ज क्या है ? मुझे बड़े को गुरु मानने में आपत्ति कभी नहीं रही, रहा सिर्फ गुरुडम के खिलाफ! फिर मंत्र लेने से कुछ मिलता ही है, जहाँ मिलने वाली रचना हो। वहाँ पैर न बढ़ायें, वह ब्राह्मण का कोई बेवकूफ लड़का ही होगा। मैं सपाटा-चाल सीढ़ी तय करके स्वामीजी के कमरे में पहुँचा और बैठ गया। उन्होंने पूछा, ''क्या है ?'' मैंने कहा, ''मंत्र लेने आया हूँ।'' मेरे स्वर में न जाने क्या था। मुझे तंत्र-मंत्र पर बिल्कुल विश्वास न था। स्वामीजी प्रसन्न गम्भीरता से बोले—''अच्छा, फिर कभी आना।''

मैंने मन में कहा, अब नहीं जाने के। कई रोज हो गए, नहीं गया। वहाँ कभी-कभी माँ के कमरे में (श्री परमहंसदेव की धर्मपत्नी श्रीसारदामणि देवी, तब माँ देह छोड़ चुकी थी) तुलसीकृत रामायण पढ़ता था। पहले दिन पढ़ी थी, तब स्वामी सारदानन्दजी ने प्रसाद के दो रसगुल्ले दिलाए थे। सबको एक रसगुल्ला मिलता है। केवल शंकर महाराज (स्वामी सारदानन्दजी के बड़े गुरुभाई, श्रीरामकृष्ण मिशन के प्रथम प्रेसीडेंट, पूज्यपाद स्वामी ब्रह्मानन्दजी के प्रिय शिष्य) को दो रसगुल्ले पाते हुए बाद को मैंने देखा था, पर उन्होंने एक रसगुल्ला मुझे दे दिया था। एक बार माँ को प्रणाम कर, प्रसाद लेकर मैं स्वामी सारदानन्दजी महाराज के जीने की तरफ से उतरने के लिए जा रहा था, प्रसाद मेरे हाथ में था। मन बड़ा प्रफुल्ल, फूल-सा खिला हुआ। हल्का गोस्वामी तुलसीदासजी की भारतीय संस्कृति मन को ढँके हुए। स्वामीजी आ रहे थे। मुझे भावावेश में देखकर, रास्ता छोड़कर एक तरफ हट गए। मुझे होश था ही, मैं भी हटकर खड़ा हो गया कि वह चले जायँ, तो जाऊँ। स्वामीजी ने पूछा, ''यह प्रसाद किसके लिए ले जा रहे हो?'' स्वामीजी से मेरी बंगला में बातचीत होती थी, मैंने कहा—''अपने लिए।'' उन्होंने कहा—''अच्छा, खाकर आओ।'' चटपट प्रसाद खाकर मैं ऊपर गया। स्वामी जी अपने कमरे के सामने उसी रास्ते पर खड़े थे। मुझे देखकर बड़े स्नेह से पूछा—''उस रोज तुम क्या कहने वाले थे!" मैंने कहा—"मुझे तंत्र-मंत्र पर विश्वास नहीं।'' उन्होंने पूछा—''तुम गुरुमुख हो।" मैंने कहा—''हाँ, पर तब मैं नौ साल का था।'' उन्होंने कहा—''हम लोग तो श्रीरामकृष्ण को ही ईश मानते हैं।'' मैंने कहा—''ऐसा तो मैं भी मानता हूँ।''

उत्तर की मैंने कभी देर नहीं की। वह ठीक हो या गलत। पहले क्या कह गया हूँ, फिर क्या कह रहा हूँ, इसकी तरफ ध्यान देने वाला सच्चा वक्ता, लेखक, कवि या दार्शनिक नहीं। यह कला की मुक्ति में गण्य नहीं, कलाकारों के ऐसे कथन का मैं उदाहरण था। स्वामीजी के भारतीय कान ऐसे न थे, जो अंगरेजी बाजे के विवादी स्वरों से भड़ककर उसे संगीत स्वीकार ही न करते। वह भावस्थ गुरुत्व से मेरे सामने आये। मुझे ऐसा जान पड़ा, एक ठंडी छाँह में मैं डूबता जा रहा हूँ। फिर मेरे गले में अपनी उँगली से एक बीजमंत्र लिखने लगे। मैंने मन को गले के पास ले जाकर, क्या लिख रहे हैं, पढ़ने की बड़ी चेष्टा की, पर कुछ मेरी समझ में न आया।

परोक्ष रीति से ध्यान-धारणा के लिए स्वामीजी मुझे कभी-कभी याद दिला देते थे। मुझे यह धुन थी कि अब देखना है, गले वाला मंत्र क्या गुल खिलाता है। पूजा पाठ जो कुछ कभी-कभी करता था, वह भी बन्द कर दिया। मुझे कुछ ही दिनों में जान पड़ने लगा, मेरा निचला हिस्सा ऊपर और ऊपर वाला नीचे हो गया है, और रामकृष्ण मिशन के साधु मुझे खींच रहे हैं। अजीब घबराहट हुई। मैंने सोचा, इन साधुओं ने मुझ पर वशीकरण किया है। तब 'समन्वय के कार्यकर्ता' 'उद्‌बोधन' छोड़कर 'मतवाला' आफिस में (तब मतवाला न निकलता था, बालकृष्ण प्रेस था) मालिक 'मतवाला' के सम्पादक बाबू महादेव प्रसाद सेठ थे। किराये के कमरों में रहते थे। मैं भी उनके साथ अलग कमरे में रहता था। महादेव बाबू से मैंने कहा, "ये साधु लोग मुझे जादूगर जान पड़ते हैं।" महादेव बाबू गम्भीर होकर बोले, "यह आपका भ्रम है।" मैंने कुछ न कहा, पर मुझे भ्रम होता, तो विश्वास भी होता। एक रोज ऐसा हुआ कि उन्हीं साधुओं में से एक की मेरे पास आकर यही हालत हुई। वे दर्शन-शास्त्र के एम.ए. अमेरिका में प्रचार कर रहे थे। जब खिंचने लगे, तो बोले—"पंडितजी, क्या आप वशीकरण जानते हैं?" मैंने मन में कहा, "हूँ।" खुलकर बोला—"मैं मारण, मोहन, वशीकरण, उच्चाटन सबमें सिद्ध हूँ।"

इसके बाद एक दिन स्वप्न देखा—ज्योतिर्मय समुद्र है, श्यामा की बाँह पर मेरा मस्तक। मैं लहरों में हिल रहा हूँ।

फिर इतने चमत्कार इधर दस वर्षों में देखे कि अब बड़े-बड़े कवियों की चमत्कारोक्तियाँ पढ़कर हँसी आती है। वह मंत्र भी तीन साल हुए आग-सा चमकता हुआ कुछ दिनों तक सामने आया। उसे मैंने पढ़ लिया है।[1]

---

1. चतुरी चमार

प्रेमचन्दजी का साथ

इस बार प्रायः साढ़े तीन महीने मैं बनारस रहा। प्रेमचन्दजी के सरस्वती प्रेस में मेरी 'गीतिका' छप रही थी। प्रकाशक भारती भण्डार। एक दिन पं. वाचस्पति पाठक, जिनका मैं अतिथि था, बोले—"प्रेमचन्दजी से मिल लीजिए।" उस समय, प्रायः आधा जून, दुपहर की लू चलती थी। प्रेमचन्दजी के नाम से मैंने चलना स्वीकार कर लिया। प्रेस पहुँचकर दो मंजिले पर चलकर देखा, प्रेमचन्दजी बैठे हैं। मैं उनके परिवार भर से परिचित था। श्रीमती शिवरानी जी भी आईं। मैंने प्रणाम किया। फिर एक गिलास पानी माँगा। बहुत दिनों बाद प्रेमचन्दजी को देखा था। मालूम होता था, वे और दुबले हो गए हैं। उनसे कहा। उन्होंने कहा, जैसा कहा करते हैं, 'नहीं, यह तो मेरी काठी है।' कुछ देर तक साहित्यिक बातचीत हुई। फिर मैं विदा हुआ। उस दुर्बल देह में शक्ति और ओजपूर्ण मात्रा में थे।

कुछ दिन बीत गए। प्रेमचन्दजी के 'गोदान' की काफी चर्चा हो रही थी। एक दिन सुना, 'प्रसाद' जी प्रेमचन्दजी से मिलने गए थे। वे सख्त बीमार हैं। फिर सुना, प्रेमचन्दजी एक्स-रे कराने के लिए लखनऊ गए हैं। फिर मालूम हुआ, वे लखनऊ से वापस आ गए हैं। एक दिन पं. नंददुलारे वाजपेयीजी के साथ उन्हें देखने गया। वे उसी कमरे में बैठे हुए थे। पर इस बार फर्श पर न थे, बिछे पलंग पर बैठे हुए थे। श्रीमती शिवरानी देवी उनके लिए दवा तैयार कर रही थीं। उनकी लड़की अपने लड़कों को लेकर आ गई थी, एक ओर खड़ी थी, मुझे देखकर नमस्ते किया। मैं प्रेमचन्दजी की बीमारी की चिन्ता में था, कुछ कहा नहीं। सिर्फ हाथ उठाकर नमस्कार किया। वह खड़ी हँस रही थीं। मेरी दृष्टि की सियाही उसके मुख पर पड़ी—उसके मुख पर मुझे झाईं सी दिखी। अगर नीचे उसके अत्यन्त सुन्दर बड़े लड़के को खेलते हुए मैंने न देखा होता, उसका परिचय मालूम कर उसे डरवा न चुका होता तो पहचान न पाता कि यह लड़की है। फिर भी मैंने प्रेमचन्दजी से पूछा। लड़की ने लड़की की खुली आवाज से कहा, "क्या आपने मुझे पहचाना नहीं ? मैंने तो आपको पहचान लिया।" मैंने कहा, "मुझमें तो कोई परिवर्तन हुआ

नहीं, पर तुम पहले लड़की थीं, अब माँ हो गई हो।'' लड़की झेंप गई। प्रेमचन्दजी खुलकर हँसे। देवी शिवरानी जी दवा तैयार करती हुई मुस्कुरायीं...प्रेमचन्दजी दुर्बल थे, जलोदर का पूरा प्रकोप था, फिर भी एक वीर की तरह बैठे वार्तालाप करते रहे। बड़ी जिन्दादिली, सुननेवालों पर उसका असर पड़ता हुआ, जैसे सुननेवालों को ही वे स्वास्थ्य पहुँचा रहे हों। मैं उस विजयिनी ध्वनि को तोल रहा था जिसका सर नीचा नहीं हुआ, जो हिन्दी की महाशक्ति है, और रह-रहकर दुर्बल अस्थिशेष प्रेमचन्दजी को देख रहा था। दूसरे प्रसंग पर पूछा, ''आप लखनऊ गए थे, वहाँ क्या कहा डॉक्टरों ने ?'' ''कुछ नहीं, संतोषजनक उत्तर नहीं मिला। कहा कुछ नहीं, ठहरने के लिए कहा, पर कुछ डिसेन्ट्री की शिकायत मालूम दी, परदेश, देख-भालवाला कोई नहीं, लड़के को ले गया था, कौन तीमारदारी करे, लौट आया।'' वाजपेयीजी से लेख आदि के लिए प्रेमचन्दजी ने कहा। कुछ देर तक बातचीत करके फिर हम लोगों ने उनसे विदा ली।

कुछ दिन और बीते। 'गीतिका' छप चुकी थी। अन्तिम दो-एक फार्म थे। मैं प्रेस गया हुआ था। प्रेमचन्दजी के बड़े लड़के मिले। प्रेस की आवश्यक बातें कहकर मैंने उनसे प्रेमचन्दजी से मिलने की इच्छा प्रकट की। उन्होंने कहा, ''अब तो वह यहाँ नहीं रहते।'' मुझे उनका मुकाम बतलाया। मेरे रास्ते में ही मकान पड़ता था। मैं चला। बादल घिरे थे। चलते-चलते पानी गिरने लगा। छाता नहीं था। भीगते हुए आनन्द आने लगा। मकान के पास आकर अनिश्चय में पड़ गया कि कौन-सा मकान होगा। फाटक बतलाया था, यहाँ फाटक न दिखा, एक दरवाजा सिर्फ देख पड़ा। डरते हुए खोला। भीतर लम्बा मैदान देखा। किनारे से रास्ता गया था। मैदान के उस तरफ़ मकान था। कोई था नहीं जिससे पूछता। हिम्मत बाँधकर बढ़ा। किनारे चमेली की झाड़, कहीं-कहीं अपराजिता लिपटी हुई। दोनों खिले। चमेली के रात के खिले कोमल फूल बूँदों के थपेड़ों से व्याकुल थे। देखता हुआ एक फूल छुआ। फूल वृक्ष पर रखे थे। उठा लिया। लिये हुए उनकी दशा पर विचार करता हुआ मकान के सामने आया। दूर से दो-एक अपरिचित देवियाँ देख पड़ीं। एक जोड़ी छोटे जूते पड़े थे। सोचा ये उसी लड़की के लड़के के जूते होंगे। एक बगल चिक पड़ी हुई देख पड़ी। उधर चला, तब तक शिवरानी जी देख पड़ीं। उनसे पूछा। क्षीण स्वर से उन्होंने कहा, ''सोये हैं, जाइए।'' मैं गया। देखा, प्रेमचन्दजी अत्यन्त दुर्बल हो गए हैं।

पेट फूला हुआ है। प्रेमचन्दजी ने आँखें खोलीं, मुझे देखा। बड़ी करुण दृष्टि। मैंने प्रणाम किया। पूछा—आप कैसे हैं ? दोनों बाँहों की ओर दृष्टि फेरकर उन्होंने कहा, देखिए। बड़ा करुण स्वर। अत्यन्त दुर्बल बाँहें। मुझे शंका हो चली। सिंह

को गोली भरपूर लग गई है। अब वह आवाज नहीं रही। मैं चुपचाप कुर्सी पर बैठ गया। कैसे सँभलेगा ? प्रेमचन्दजी बोले। उन्हें अपने बच्चों की चिन्ता हो रही थी। मैं भरसक अपने को सँभाल रहा था। मेरे हाथ का फूल वहीं छूटकर गिर गया।...

कुछ दिन और बीते। नन्ददुलारेजी के हाथ एक गीत मैंने 'हंस' कार्यालय को भेज दिया। बड़ी कविता लिख रहा था, वह तैयार न हुई थी, फिर भेजने के लिए कहला भेजा। नन्ददुलारेजी जो अपना लेख लेकर जानेवाले थे, प्रेमचन्दजी को देखने के उद्देश्य से। इसके कुछ दिन बाद वाचस्पतिजी पाठक और पद्मनारायण जी आचार्य के साथ, काशी छोड़ने से पहले प्रेमचन्दजी के दर्शनों के लिए चला। पद्मनारायण जी 'गीता-धर्म' के संपादक हैं, अभी तक प्रेमचन्दजी से व्यक्तिगत रूप से परिचित नहीं हो सके। 'मैथिली-मान' के लिए उनकी कुछ आज्ञा है। हम लोग एक्के से चले। रास्ते भर गुप्तजी के अभिनन्दन की बात होती रही। मुझे बार-बार प्रेमचन्दजी की याद आती रही। गुप्तजी को आदर की दृष्टि से देखता हूँ, उसके अनेक प्रमाण दे चुका हूँ, सोच रहा था, प्रेमचन्दजी को न तो मंगलाप्रसाद पारितोषिक मिला, न कोई अभिनन्दन। वे हिन्दी साहित्य सम्मेलन के सभापति भी नहीं चुने गए। मन ने कहा—'तुम्हारे लिए भी यही फैसला है, जिसने जैसा दिया वैसा पाया।' मैंने कहा, "मैं इसी तरह गुजरूँगा। अगर कुछ काम कर सका तो नाम-यश मुझे नहीं चाहिए।"

अब तक प्रेमचन्दजी का मकान आ गया। हम लोग एक्के से उतरकर भीतर चले। मकान के सामने पहुँचे तो दो नवागन्तुक बैठे देख पड़े। पर ऐसे बैठे थे जैसे घर के आदमी हों। मैंने सोचा, ये भैयाचार होंगे या रिश्तेदार। साथियों के साथ भीतर गया। सन्नाटा था। बड़ी धीमी आवाज में एक आगन्तुक ने कहा, बैठिए। मैं चप्पल उतारकर चारपाई पर बैठ गया। इधर-उधर देखा, पहचान का कोई न देख पड़ा। तब उन्हीं महाशय से कहा, हम लोग प्रेमचन्दजी को देखने के लिए आये हैं। नवागन्तुक ने मेरा नाम पूछा। मैंने अपना नाम बतलाया। इस समय देवी शिवरानीजी बाहर आयीं। प्रेमचन्दजी वहीं चारपाई पर थे। रस्सी बाँधकर पर्दा कर रखा था। पर्दा हटाने लगीं। मैं प्रेमचन्दजी के सामने वाली चारपाई की ओर बढ़ा तो आगन्तुक महोदय ने कहा, ज़्यादा बातचीत मना है। मैं अपने लक्ष्य पर चलकर बैठ गया। देखते ही मेरे होश उड़ गए। प्रेमचन्दजी ने हाथ जोड़कर कहा—"अब तो अन्तिम बिदा है।"[1]

नहीं मालूम क्यों यहाँ आया, ठोकरें खाते हुए दिन बीते।
उठा तो, पर न सँभलने पाया, गिरा, व रहा गया आँसू पीते।

1. कलम का सिपाही

ताब बेताब हुई, हठ भी हटी, नाम अभिमान का भी छोड़ दिया।
देखा तो थी माया की डोर कटी, सुना—वे कहते हैं : हाँ, खूब किया।
पर अहो पास छोड़ आते ही, वह सब भूत फिर सवार हुए।
मुझे गफलत में ज़रा पाते ही, फिर वही पहले के से वार हुए।[1]

1. (असंकलित कविताएँ-27)

स्टेज पर

'पंचवटी-प्रसंग' के अवतरण को पेश करने के लिए मैंने अपने लिखे एक सामाजिक नाटक के एक पार्ट में मुक्त छंद का समावेश किया, और वह पार्ट कलकत्ता स्टेज पर मैंने खुद खेला।[1]

एक बार पंतजी[2] के साथ मैंने निश्चय किया, एक ड्रामा अच्छा-सा लिखकर खेला जाय। पंतजी उषा का पार्ट खेलें, शायद मुझे अनिरुद्ध बनकर उतरना पड़े। एक ठाकुर साहब बाण की भूमिका पूरी करने वाले तगड़े मिल गए। खेलनेवाले सभी साहित्यिक, चार-पाँच एम.ए. भी। ऐसे ही लिखवाकर मैंने प्रसादजी के नाम के साथ विज्ञापन कर दिया। इस उद्देश्य-पूर्ति में समय लगा। उषा नाटिका के लिए प्रथम गीत चाहता था। उसके लिए देर हुई। इस समय 'निरुपमा' उपन्यास तैयार कर रहा था, फिर उच्छृंखल की तैयारी। इसके बाद कुछ समय के लिए उपन्यास लिखना स्थगित।[3]

चिरकाल से बंगाल में रहने के कारण हिन्दी और बंगला की नाट्यशालाओं में अभिनय देखते रहने के मुझे विशेष अवसर मिले। कलकत्ता इन दोनों भाषाओं के रंगमंचों से प्रसिद्ध है। हिन्दी के रंगमंच में एल्फ्रेड और कोरिंथियन के नाटकों को देखकर मुझे बड़ा दुख होता था। उनके नटों के अस्वाभाविक उच्चारण से तबीयत घबराने लगती थी। उस समय मैं 16-17 से अधिक न था। कल्पना की सुदूरभूमि में हिन्दी के अभिनय की सफलता पर विचार करते हुए, बोलते हुए, पाठ खेलते हुए छंद (अमित्र) की सृष्टि हुई।

पब्लिक स्टेज पर इस छंद में नाटक लिखकर खेल चुका हूँ।[4]

---

1. नाटक समस्या (प्रबन्ध प्रतिमा), 2. सुमित्रानंदन पंत, 3. पत्रांश, 4. पंत और पल्लव

सुकुल की बीवी

बहुत दिनों की बात है। तब मैं लगातार साहित्य-समुद्र-मंथन कर रहा था, पर निकल रहा था केवल गरल। पान करने वाले अकेले महादेव बाबू[1] शीघ्र रत्न और रंभा के निकलने की आशा से अविराम मुझे मथते जाने की सलाह दे रहे थे। यद्यपि विष की ज्वाला महादेव बाबू की अपेक्षा मुझे ही अधिक जला रही थी, फिर भी मुझे एक आश्वासन था कि महादेव बाबू को मेरी शक्ति पर मुझसे भी अधिक विश्वास है। इसी पर वेदांत-विषयक नीरस एक सांप्रदायिक पत्र[2] का सम्पादन-भार छोड़कर मनसा, वाचा, कर्मणा सरस कविता-कुमारी की उपासना में लगा। इस चिरंतन चिन्तन का कुछ ही महीने में फल प्रत्यक्ष हुआ। साहित्य-सम्राट गोस्वामी तुलसीदासजी की मदन-दहन समय वाली दर्शन सत्य उक्ति हेच मालूम दी, क्योंकि गोस्वामीजी ने उस समय दो ही दंड के लिए कहा है—''अबला बिलोकहिं पुरुषमय अरु पुरुष सब अबलामयं'; पर मैं घोर सुषुप्ति के समय को छोड़कर बाकी समय जागृति के समस्त दंड ब्रह्मांड अबलामय देखता था। इसी समय दरबान से मेरा नाम लेकर किसी ने पूछा, ''हैं ?''

मैंने जैसे वीणा की झंकार सुनी। सारी देह पुलकित हो गई, जैसे प्रसन्न होकर पीयूषवर्षी कंठ से साक्षात् कविता-कुमारी ने पुकारा हो, बड़े अपनाव से मेरा नाम लेकर। एक साथ कालिदास, शेक्सपियर, बंकिमचंद्र और रवींद्रनाथ की नायिकाएँ दृष्टि के सामने उतर आईं।

आप ही एक निश्चय बँध गया। अवश्य यह वेथून कॉलेज की छात्रा हैं। इन्हें कविता से प्रेम होगा। मेरे छंद की स्वच्छंदता कुछ आई होगी इनकी समझ में, तभी बाकी समझने के लिए आई हैं।

उठकर जाना अपमानजनक जान पड़ा। वहीं से दरबान को ले आने की आज्ञा दी।

---

1. मतवाला, संपादक-सेठ, 2. समन्वय,

अपना नंगा बदन याद आया। ढकता, कोई कपड़ा न था। कल्पना में सजने के तरह-तरह के सूट याद आए, पर वास्तव में दो मैले कुर्ते थे। बड़ा गुस्सा लगा प्रकाशकों पर। कहा—नीच हैं, लेखकों की कद्र नहीं करते। उठकर मुंशीजी[1] के कमरे में गया। उनकी रेशमी चादर उठा लाया। कायदे से गले में डालकर देखा, फबती है या नहीं। ज़ीने से आहट नहीं मिल रही थी। देर तक कान लगाए बैठा रहा। बालों की याद आई—उकस न गए हों। जल्द-जल्द आईना उठाया। एक बार मुँह देखा, कई बार आँखें सामने रेल-रेलकर। फिर शीशा बिस्तरे के नीचे दबा दिया। शॉ[2] की 'गेटिंग मैरेड' सामने करके रख दी। डिक्शनरी की सहायता से पढ़ रहा था। डिक्शनरी किताबों के अन्दर छिपा दी। फिर तनकर गम्भीर मुद्रा से बैठा।

आगंतुका को दूसरी मंजिल पर आना था। ज़ीना गेट से दूर था।

फिर भी देर हो रही थी। उठकर कुछ क़दम बढ़ाकर देखा, मेरे बचपन के मित्र मिस्टर सुकुल आ रहे थे। बड़ा बुरा लगा, यद्यपि कई साल बाद की मुलाकात थी। कृत्रिम हँसी से होंठ रंगकर उनका हाथ पकड़ा और लाकर उन्हें बिस्तरे पर बैठाला।

बैठने के साथ ही सुकुल ने कहा—''श्रीमतीजी आई हुई हैं।''

मेरी रूखी जमीन पर आषाढ़ का पहला दौंगरा गिरा। प्रसन्न होकर कहा—''अकेली हैं, रास्ता नहीं जाना हुआ, तुम भी छोड़कर चले आए। बैठो तब तक, मैं लिवा लाऊँ। तुम लोग देवियों की इज्ज़त करना नहीं जानते।''

सुकुल मुस्कुराए। कहा—''रास्ता न मालूम होने पर निकाल लेंगी—ग्रेजुएट हैं। ऑफ़िस में 'मतवाला' की प्रतियाँ खरीद रही हैं—तुम्हारी कुछ रचनाएँ पढ़कर, खुश होकर।''

मैं चल न सका। गर्व को दबाकर बैठ गया। मन में सोचा कवि की कल्पना झूठ नहीं होती। कहा भी है, 'जहाँ न जाय रवि, वहाँ जाय कवि।'

कुछ देर चुपचाप गंभीर बैठा रहा। फिर पूछा—''हिंदी काफ़ी अच्छी होगी इनकी?''

''हाँ,'' सुकुल ने विश्वास के स्वर से कहा—''ग्रेजुएट हैं।''

बड़ी श्रद्धा हुई। ऐसी ग्रेजुएट देवियों से देश का उद्धार हो सकता है, सोचा। निश्चय किया, अच्छी चीज़ का पुरस्कार समय देता है। ऐसी देवीजी के दर्शनों की उतावली बढ़ चली, पर सभ्यता के विचार से बैठा रहा, ध्यान में उनकी अदृष्ट मूर्ति को भिन्न-भिन्न प्रकार से देखता हुआ।

---

1. नवजादिक लाल, 2. बर्नार्ड शॉ

एक बार होश में आया, सुकुल को धन्यवाद दिया।

मैं विचार में था। जब आँख खुली, साकार सुघरता मेरे सामने थी, अविचल दृष्टि से मुझे देखती हुई। अंजलि बाँधकर नमस्कार किया, ललित अँगरेज़ी में सम्बोधित करती हुई। मैं उठा। नमस्कार कर, सुकुल के नज़दीक वाली कुर्सी पर बैठने के लिए बड़े अदब से हाथ बढ़ाकर बताया।

वे खड़ी थीं। लहराती हुई मंद गति से चलीं। बैठकर, मुझे देखकर मुस्कुराती हुई बोलीं—"आप खूब लिखते हैं।"

प्यासा मृग-मरीचिका के सरोवर का व्यंग्य नहीं समझता। मुझे यह पहली तारीफ़ मिली थी। इच्छा हुई जाऊँ, महादेव बाबू को भी बुला लाऊँ। कहूँ कि अब अमृत निकलने लगा है, चुल्लू बाँधकर चलिए। लेकिन अभी उतने अमृत से मुझे ही अघाव न हुआ था। बैठा हुआ एकांत भक्त की दृष्टि से देखता रहा।

रक्त अधरों के कगारों से अमृत का निर्झर बहा वे बोलीं—"सुकुल आपकी कविता नहीं समझते, मैं समझाती हूँ।"

सुकुल न रह सके। कहा—"ऐसा समझना वास्तव में कहीं नहीं देखा। असर भी क्या ? चाहे कुछ न समझिए, पर सुनने से जी नहीं ऊबता। एम.ए. क्लास तक किसी प्रोफ़ेसर के लेक्चर में यह असर न था।"

"हाँ-हाँ, जनाब," देवीजी मेरु-मूल सीधा करके बोलीं—"यह एम.ए. क्लास से आगे की पढ़ाई है। जब पास करके आए थे, मगर हाथ-भर की चोटी थी; समझ में एक वैसी ही मेख।"

सुकुल की चोटी मेरी निगाह में सुकुल से अधिक परिचित थी, पर उनके आने पर मैंने उन्हें ही देखा था। चोटी सही-सलामत है या नहीं, मालूम करने के लिए निगाह उठाई कि देवीजी बोलीं—"अब तो चाँद है। सुकुल को सुकुल बनाते, सच कहती हूँ, मुझे बड़ी मिहनत उठानी पड़ी है।"

उन्हें धन्यवाद दूँ, हिम्मत बाँध रहा था कि बोलीं—"मैं स्वयं सुकुल की सहधर्मिणी नहीं।" मेरा रंग उड़ गया।

मुझे देखकर, मेरे ज्ञान पर हँसकर जैसे बोलीं—"सुकुल स्वयं मेरे सहधर्मी हैं।"

मैं साहित्यिका को ताज्जुब की निगाह से देखने लगा।

इतने में उनकी कृपा-दृष्टि मुझ पर पड़ी। बोलीं—"मैं आपको भी सहधर्मी बनाना चाहती हूँ।"

मैं चौंका। सोचा—'क्या यह द्रौपदीवाला धर्म है ?"

देवीजी ने कलाई-घड़ी देखी और फिर उठकर खड़ी हो गईं। भौंहें चढ़ाकर बोलीं—"बहुत देर हो गई चलिए, आपको लेने आई थी। टैक्सी खड़ी है।" फिर

बढ़कर, मेरे कंधे पर हाथ रखकर बड़े ही मधुर स्वर से पूछा—"आप मुर्गा तो खाते हैं ?"

मैंने सुकुल को देखा। सुकुल सिर्फ़ मुस्कुराए। समझकर मैंने कहा—"मेरा तो बहुत पहले से सिद्धांत है।"

वे चलीं। मैं भी उसी तरह चद्दर ओढ़े सुकुल के पीछे चला।

सुकुल का घर आ गया। एक छोटा-सा दुमंजिला मकान। इधर-उधर बंगालियों की बस्ती। जगह-जगह कूड़े के ढेर। ऊपर मछलियों के सेल्हर, बदबू फेंकते हुए।

हम लोग उतरे। भीतर पैठते ही दाहिने हाथ एक छोटा-सा बैठका। एक डेढ़ साल के बच्चे को दासी खिलाती हुई। श्रीमतीजी को देखकर बच्चा 'मा-मा' करता हुआ उतावला हो गया। दोनों हाथ फैलाकर, माँ के पास आने के लिए कूदकर दासी की गोद में लटक रहा। लेकर देवीजी प्यार करने लगीं। सुकुल ने दासी को मकान खोलने के लिए कुंजी दी।

एक सहृदय बात कहनी चाहिए, सोचकर मैंने कहा—"भूखा है, शायद दूध पीना चाहता है।"

देवीजी ने षोडशी के कटाक्ष से देखा। कहा—"दासी पिला देगी।"

मैंने पूछा—"क्या यह आपका बच्चा नहीं है ?"

हँसकर बोलीं—"मेरा ? है क्यों नहीं। पर दूध मेरे नहीं होता।"

मैंने निश्चय किया, शिक्षित महिला हैं, यौवन है, अभी माभाव नहीं आया, इसलिए दूध नहीं होता। मन में विधाता को धन्यवाद देता रहा।

"चलिए," वह बोलीं—"ऊपर चलें, एकान्त में बातें होंगी। सुकुल बाजार जायेंगे मुर्ग़ा लेने।"

बच्चे को फिर दासी के हवाले कर दिया। मैं उनके पीछे चला, यह सोचता हुआ कि एकान्त में सहधर्मी बनाने का प्रस्ताव न हो। चित्त को क़ाबू न कर सका! वह पुलकित होता रहा।

यह कुछ सजा हुआ शयन-कक्ष था। "बैठिए," कहकर वे स्टोव जलाने लगीं। मैं आईने में उनकी पंप करती हुई तस्वीर देखता रहा।

चाय, पान और सिगरेट मेज़ पर लगाकर बैठीं। प्लेट पकड़कर मेरा प्याला बढ़ाती हुई मधुर कंठ से बोलीं—"शौक़ कीजिए।"

विनम्र भाव से मैंने दूसरी ओर वाली बाट पकड़ी और आँखों में ही उन्हें धन्यवाद दिया।

निगाह नीची कर मुस्कुराते हुए उन्होंने अपना प्याला होंठों से लगाया। आधी चाय चुक जाने पर पूछा—"आप मेरे सहधर्मी हैं तो ?"

पेट में उतनी ही चाय से समंदर लहराने लगा। ऊपर तूफ़ान। श्याम-तट पर भावों के कितने सजे सुदृढ़ मकान उड़ गए, ऐसी खुशी हुई। कहा—"आप लेकिन सुकुल की..."

"बीवी हैं ?...हाँ हूँ ?"

"फिर मैं..."

"...कैसे बीवी बना सकता हूँ ?"

ऐसा धर्म-संकट जीवन में कभी नहीं पड़ा। मेरा सारा समंदर सूख गया। तूफ़ान न जाने कहाँ उड़ गया। सिर्फ़ रेगिस्तान रह गया, जो इस ताप से और तपने लगा।

मुझे चुपचाप बैठा, अनमेल दृष्टि से देखता हुआ देखकर वह बोलीं—"आप बुरा न मानें। मैंने देखा है, मर्दों में एक पैदायशी नासमझी है। वह खासतौर से खुलती है, जब औरतों से वे बातचीत करते हैं।"

मान लेने में ही बचत मालूम दी। मैंने कहा—"जी हाँ, औरतों के सामने उनकी समझ काम नहीं करती।"

"हाँ," वे बोलीं—"सुकुल को आदमी बनाती-बनाती मैं हार गई। 'बीवी' को ही लीजिए। बीवी तो मैं सुकुल की भी हो सकती हूँ। हूँ ही, आपकी भी हो सकती हूँ।"

मैं सुख तो गया, पर प्रसन्नता फिर आई। मैंने बिना कुछ सोचे एक उद्रेक में कह दिया—"हाँ।"

आप नहीं समझे। वे बोलीं—"आप साहित्यिक हैं, तो क्या! फिर भी सुकुल के दोस्त हैं। बीवी की बहुत व्यापकता है।"

"जरूर।" मैंने कहा।

उन्होंने कान न दिया। कहती गईं—"छोटी बहन, भतीजी, लड़की, भयहू (छोटे भाई की स्त्री) सबके लिए बीवी शब्द आता है। आपकी 'हाँ' किस अर्थ के लिए है ?"

मैंने डूबकर, कुछ कुल्ले पानी पीकर जैसे थाह पाई। प्रसन्न होने की चेष्टा करते हुए कहा—"बहन के अर्थ में।"

उन्होंने कहा—"देखिए, मर्द की बात एक होती है।"

इज्जत बचाने के लिए और ज़ोर देकर मैंने कहा—"हाँ, मुकर जाऊँ तो मर्द नहीं।"

लजाकर उन्होंने एक बार अपनी आँख बचाई। सँभलकर बोलीं—"हम बड़ी विपत्ति में हैं। साल-भर से छिपे फिरते हैं। मैं बचने के लिए सुकुल से उनके मित्रों का परिचय पूछती रही। सिर्फ़ आपका परिचय मुझे त्राण देनेवाला मालूम दिया।

पता न मालूम था। साल-भर से लगा रहे हैं।"

मैंने चितवन देखी। आँखें सजल हो आई थीं। कहा—"मैं तैयार हूँ।"

वे उठकर खड़ी हुईं। सामने आ, हाथ पकड़कर कहा—"भाईजी, मेरी रक्षा कीजिए। सुकुल का घर छूटा हुआ है। जिस तरह हो, मुझे अपने कुल में मिलाकर सुकुल से ब्याह साबित कीजिए।"

उनकी बड़ी-बड़ी आँखें। दो बूँद आँसू कपोलों से बहकर मेरी जाँघ पर टपके। मैं खड़ा हो गया और अपनी चादर से उनके आँसू पोंछते हुए कहा—"तुम मेरे चाचा की लड़की, मेरी छोटी बहन हुईं। मेरे चाचा सस्त्रीक बंगाल में आकर गुज़रे हैं। उनके एक कन्या भी थी। देश से आई थी।" फिर देवीजी की तरफ़ मुड़कर पूछा—"लेकिन तुम्हारा नाम भी नहीं मालूम कर पाया।" "जहाँ से आई हूँ," उन्होंने कहा—"वहाँ की पुखराज हूँ। यहाँ की पुष्करकुमारी।"

मैंने वहीं स्नान किया। सुकुल की धोती पहनी। भोजन किया—बिल्कुल मुसलमानी खाना। वैसी ही चपातियाँ, वैसा ही कोरमा! वही चटनी, वही मुरब्बा, वही मिठाई।

रामकहानी सुनकर पान खाते-खाते मैंने कुँवर को धन्यवाद दिया। कलकत्ता में ही उनका ब्याह कर दूँगा, आश्वासन देकर उनसे बिदा ली।

सेठजी[1] बैठे थे। एकांत में ले जाकर यह हाल उनसे कहा। वे सहमत हो गए, कहा—"मगर मुंशीजी[2] से न कहिएगा। उनके पेट में बात नहीं रहती।"

शुभ मुहूर्त में विवाह की तैयारियाँ होने लगीं। एक दिन आमंत्रित हिंदी-भाषी विभिन्न प्रांतों के साहित्यिकों की उपस्थिति में सुकुल के साथ श्रीपुष्करकुमारी का ब्याह कर दिया।

प्रीतिभोज में अनेक कनवजिए सम्मिलित थे[3] ।

---

1. महादेव बाबू, 2. मुंशी नवजादिकलाल, 3. सुकुल की बीवी

एकाकी नैश क्षण

उन दिनों[1] मैं गाँव में रहता था। एक रोज़ मैंने चरस मँगवाकर अपने दरवाज़े बैठक लगवाई। मैं मचिया पर बैठकर भजन सुनने लगा। गाने में बड़ा आनंद आया। ताल पर तालियाँ देकर मैंने भी सहयोग किया। वे लोग ऊँचे दर्जे के उन गीतों का मतलब समझते थे, उनकी नीचता पर यह आश्चर्य मेरे साथ रहा। बहुत से गाने आलंकारिक थे। वे उनका भी मतलब समझते थे। रात तक मैं बैठा रहा। मुझे मालूम न था कि भगत कराने के अर्थ रात-भर गवाने के हैं।

तब तक आधी चरस भी खत्म न हुई थी। नींद ने ज़ोर मारा। मैंने चतुरी (चमारों के चौधरी) से चलने की आज्ञा माँगी।

चरस की ओर देखते हुए उसने कहा—"काका, फिर कैसे काम बनेगा ?"

मैंने कहा—"चतुरी, तुम्हारी काकी तो भगवान के यहाँ चली गईं, जानते ही हो। भोजन अपने हाथ पकाना पड़ता है, कोई दूसरा मदद के लिए है नहीं। ज़रा आराम न करेंगे, तो कल उठ न पाएँगे।"

चतुरी नाराज़ होकर बोला—"तुम ब्याह करते ही नहीं, नहीं तो तेरह काकी आ जाएँ। हाँ, वैसी तो..."

मैंने कहा—"चतुरी, भगवान की इच्छा।"

दुखी हृदय से सहानुभूति दिखलाते हुए चतुरी ने कहा—"काका, बहुत पढ़ी-लिखी थीं। मैंने हसार को कई चिट्ठियाँ उनसे लिखवाई हैं।" फिर चलती हुई चिलम में दम लगाकर, धुआँ पीकर, सिर नीचे की ओर ज़ोर से दबाकर, नाक से धुआँ निकालकर बैठे गले से बोला—"काकी रोटी भी करती थीं, बर्तन भी मलती थीं और रोज रामायण भी पढ़ती थीं। बड़ा अच्छा गाती थीं, काका, तुम वैसा नहीं गाते। बुढ़ऊ बाबा[2] दरवाज़े बैठते थे, भीतर काकी रामायण पढ़ती थीं। ग़ज़लें और न-जाने क्या-क्या—टिल्लाना गाती थीं—क्यों, काका?'

मैंने कहा—"हूँ, तुम लोग...तुम लोग चतुरी गाओ, मैं दरवाजा बन्द करके

1. 1929 ई., 2. चाचा रामलाल,

सुनता हूँ।''[1]

जगने तक भगत होती रही। फिर कब बन्द हुई, मालूम नहीं। जब आँख खुली तब काफ़ी दिन चढ़ आया था। मुँह धोकर दरवाज़ा खोला। चतुरी बैठा एकटक दरवाज़े की ओर देख रहा था। कबीर-पदावली का अर्थ उससे किसी ने नहीं सुना। मैंने सुबह सुनने के लिए कहा था। जिनमें शक्ति होती है, अवैतनिक शिक्षक वही हो सकते हैं। चतुरी कबीर साहब की उल्टवाँसी सीधी करते हुए बोला—''कबीर-पंथी हूँ न, काका! जहाँ गिरह लगती है, साहब आप खोल देते हैं।''

फिर आँख मूँदकर शायद साहब का ध्यान करने लगा। सस्वर एक पद गुनगुनाकर गाने लगा, फिर एक-एक कड़ी गाकर अर्थ समझाने लगा। उसके अर्थ में अनर्थ पैदा करना आनंद खोना था। वह भाष्य पूरा कर चुका। इस तरह के भाष्य से हिंदी वालों पर 'कल्याण' के निरामिष लेखों से अधिक प्रभाव पड़ सकता है। सो कुछ देर बाद खुश होकर चतुरी बोला—''काका, कहो, तो अर्जुनवा[2] को पढ़ने के लिए भेज दिया करूँ तुम्हारे पास ? पढ़ जायगा। तुम्हारी विद्या ले लेगा, मैं भी अपनी दे दूँगा, तो कहो, भगवान की इच्छा हो जाय, तो कुछ हो जाय।''

मैंने कहा—''भेज दिया करो। दिया घर से लेकर आया करे। हमारे पास एक ही लालटेन है। बहुत नज़दीक घिसेगा, तो गाँववाले चौंकेंगे। आगे देखा जायगा। लेकिन, गुरु-दक्षिणा हम रोज़ लेंगे। घबराओ मत, सिर्फ बाज़ार से हमारे लिए गोश्त ले आना होगा, और महीने में दो दिन चक्की से आटा पिसवा लाना होगा। इसकी मिहनत हम देंगे। बाज़ार तुम जाते ही हो।''

चतुरी को इस सहयोग से बड़ी खुशी हुई।

समय बहुत हो गया था। मुझे काम था। चतुरी को मैंने बिदा किया। वह गंभीर होकर सिर हिलाता हुआ चला गया।

अर्जुन का आना जारी हो गया। उन दिनों बाहर मुझे कोई काम न था। देहात में रहना पड़ा। गोश्त आने लगा। समय-समय पर लोध, पासी, धोबी और चमार का ब्रह्म-भोज भी चलता रहा। घृत-पक्व, मसालेदार मांस की खुशबू से जिसकी भी लार टपकी, आप निमंत्रित होने को पूछा। इस तरह मेरा मकान साधारण जनों का अड्डा, बल्कि 'हाउस ऑफ कामन्स' हो गया।

अर्जुन की पढ़ाई उत्तरोत्तर बढ़ चली। पहलेपहल जब दादा, मामा, काका, दीदी, नानी उसने सीखा, तो हर्ष में उसके माँ-बाप सम्राट-पद पाए हुए को छापकर छलके। सब लोग आपस में कहने लगे, अब अर्जुनवा ''दादा-दीदी' पढ़ गया। अर्जुन अपने बाप चतुरी को दादा और माँ को दीदी कहता था। दूसरे दिन उसके बड़े भाई ने

1. चतुरी चमार, 2. चतुरी का सत्रह वर्षीय लड़का

मुझसे शिकायत की। कहा—"बाबा, अर्जुनवा और तो सब कुछ लिख-पढ़ लेता है, पर भैया नहीं लिखता।"

मैंने समझाया—"किताब में 'दादा-दीदी' से भैया की इज़्ज़त बहुत ज्यादा है। भैया तक पहुँचने में उसे दो महीने की देर होगी।"

धीरे-धीरे आम पकने के दिन आए। अर्जुन अब दूसरी किताब समाप्त कर अपने खानदान में प्रतिष्ठित हो चला। कुछ नाजुक-मिजाज़ भी हो गया। मोटा काम न होता था। आम खिलाने के विचार से मैं अपने चिरंजीव[1] को लिवा लाया। दो-चार दिन के बाद मैंने देखा, वह ऊबा नहीं। अर्जुन से उसकी गहरी दोस्ती हो गई है। मैं अर्जुन के बाप के बाप का जैसा। वह भी अर्जुन का काका लगता था।

यद्यपि अर्जुन उम्र में उससे पौने दो पट था, फिर भी पद और पढ़ाई में मेरे चिरंजीव बड़े थे। फिर ब्राह्मण के लड़के थे। अर्जुन को नई और इतनी बड़ी उम्र में उतने छोटे-से काका को श्रद्धा देते हुए प्रकृति के विरुद्ध दबना पड़ता था। इसका असर अर्जुन के स्वास्थ्य पर तीन-ही-चार दिन में प्रत्यक्ष हो चला। तब मुझे कुछ मालूम न था। अर्जुन शिकायत करता न था।

मैं देखता, जब मैं डाकखाने या बाहर से गाँव लौटता हूँ, मेरे चिरंजीव अर्जुन के यहाँ होते या घर ही पर उसे घेरकर पढ़ाते रहते हैं। चमारों के टोले में गोस्वामीजी के इस कथन को—'मनहु मत्त गजगन निरखि सिंह-किसोरहिं चोप' वह कई बार सार्थक करते देख पड़े।

मैं ब्राह्मण-संस्कारों की सब बातों को समझ गया, पर उसे उपदेश क्या देता! चमार दबेंगे, ब्राह्मण दबाएँगे। दवा है, दोनों की जड़ें मार दी जायँ, पर यह सहज-साध्य नहीं। सोचकर चुप हो गया।

मैं अर्जुन को पढ़ाता था, तो स्नेह देकर, उसे अपनी ही तरह का एक आदमी समझकर, उसके उच्चारण की त्रुटियों को पार करता हुआ। उसकी कमजोरियों की दरारें भविष्य में भर जायँगी, ऐसा विचार रखता था, इसलिए कहाँ-कहाँ उसमें प्रमाद है, यह मुझे याद भी न था। मेरे चिरंजीव ने चार ही दिन में अर्जुन की सारी कमजोरियों का पता लगा लिया, और समय-असमय उसे घर बुलाकर (मेरी गैर-हाज़िरी में) उन्हीं कमजोरियों के रास्ते उसकी जीभ को दौड़ाते हुए अपना मनोरंजन करने लगे। मुझे बाद को मालूम हुआ।

सोमवार को मियाँगंज[2] के बाज़ार का दिन था। गोश्त के पैसे मैंने चतुरी को दे दिए थे। डाकखाना तब मगरायर[3] था। वहाँ से बाजार नजदीक है। मैं डाकखाने

---

1. रामकृष्ण, 2. जनपद उन्नाव के स्थान विशेष, 3. जनपद उन्नाव के स्थान विशेष

से प्रबंध[1] भेजने के लिए टिकट लेकर टहलता हुआ बाजार गया। बक़र-क़साई के सलाम का उत्तर देकर बादाम और ठंडाई लेने के लिए बनियों की तरफ़ गया। बाज़ार में मुझे पहचानने वाले न पहचाननेवालों को मेरी विशेषता से परिचित करा रहे थे। चारों ओर से आँखें उठी हुई थीं। ताज्जुब यह था कि अगर ऐसा आदमी है, तो मांस-खाने-जैसा घृणित पाप क्यों करता है ? मुझे क्षण-मात्र में यह सब समझ लेने का काफी अभ्यास हो गया था।

गुरुमुख ब्राह्मण आदि मेरे घड़े का पानी छोड़ चुके थे। गाँव तथा पड़ोस के लड़के अपने-अपने भक्तिमान् पिता-पितामहों को समझा चुके थे कि बाबा कहते हैं, मैं पानी-पाँड़े थोड़े ही हूँ, जो ऐरे-गैरे, नत्थू-खैरे सबको पानी पिलाता फिरूँ। इससे लोग और नाराज हो गए थे।

साहित्य की तरह समाज में भी दूर-दूर तक मेरी तारीफ फैल चुकी थी—विशेष रूप से जब एक दिन विलायत की रोटी-पार्टी की तारीफ़ करने वाले एक देहाती स्वामीजी को मैंने कबाब खाकर क़ाबुल में प्रचार करने वाले, रामचंद्रजी के वक़्त के, एक ऋषि की कथा सुनाई। और मुझसे सुनकर वह गाँव के ब्राह्मणों के सामने मेरे लिए बीड़ी पीने का प्रचार करके भी मुझे नीचा नहीं दिखा सके। उन दिनों भाग्य-वश मिले हुए अपने आवारागर्द नौकर से बीड़ी लेकर, सबके सामने दियासलाई लगाकर मैंने समझा दिया कि तुम्हारा इस जूठे धुएँ से बढ़कर मेरे पास दूसरा महत्त्व नहीं।

मैं इन आश्चर्य की आँखों के भीतर बादाम और ठंडाई लेकर ज़रा रीढ़ सीधी करने को हुआ कि एक बुड्ढे पंडितजी एक देहाती भाई के साथ मेरी ओर बढ़ते नज़र आए। मैंने सोचा, शायद कुछ उपदेश होगा। पंडितजी सारी शिकायत पीकर, मधुमुख हो अपने प्रदर्शक से बोले—"आप ही हैं ?"

उसने कहा—"हाँ, ये ही हैं।"

पंडितजी देखकर गद्गद हो गए। ठोढ़ी उठाकर बोले—"ओ हो हो, आप धन्य हैं!"

मैंने मन में कहा—"नहीं, मैं वन्य हूँ। मज़ाक करता है खूसट!" पर ग़ौर से उनका पग्ग और छौर देखकर कहा—"प्रणाम करता हूँ, पंडितजी!"

पंडितजी मारे प्रेम के संज्ञा खो बैठे। मेरा प्रणाम मामूली प्रणाम नहीं—बड़े भाग्य से मिलता है। आशीर्वाद भी मैं नहीं देता। नमस्कार करता हूँ या खीस निपोरता हूँ। मैं खड़ा पंडितजी को देखता रहा। पंडितजी ने अपने देहाती साथी से पूछा—"आप बे-मे सब पास हैं ?"

1. प्रबंध पद्म

उनका साथी अत्यंत गंभीर होकर बोला—"हाँ! जिला में दूसरा नहीं है।"

होंठ काटकर मैंने कहा—"पंडितजी, रास्ते में दो नाले और एक नदी पड़ती है। भेड़िये लागन हैं। डंडा नहीं लाया। आज्ञा हो, तो चलूँ—शाम हो रही है।"

पंडितजी स्नेह से देखने लगे। जो शिकायत उन्होंने सुनी थी, आँखों में उस पर संदेह था। दृष्टि कह रही थी—"यह वैसा नहीं जरूर गोश्त न खाता होगा, बीड़ी न पी होगी। लोग पाजी हैं।" प्रणाम करके आशीर्वाद लेकर मैंने घर का रस्ता पकड़ा।

कुछ महीने और मुझे गाँव रहना पड़ा। अर्जुन कुछ पढ़ गया। शहरों की हवा मैंने बहुत दिनों से न खाई थी—कलकत्ता, बनारस, प्रयाग आदि का सफर करते हुए लखनऊ में डेरा डाला,[1] स्वीकृत किताबें छपवाने के विचार से। कुछ काम लखनऊ में और मिल गया। अमीनाबाद होटल में एक कमरा लेकर निश्चिंत चित्त से साहित्य-साधना करने लगा।

इन्हीं दिनों देश में आन्दोलन जोरों का चला। पहला असहयोग-आंदोलन जोरों पर था। खलिहानों में बैठे हुए किसान जमींदारों से बचने के लिए रह-रहकर 'महात्मा गांधी की जय' चिल्ला उठते थे। कुछ अति आधुनिक सरकारी नौकर, ज़मींदार और पुलिस के आदमी मज़ाक़ करते थे, तरह-तरह के अपशब्द। कुछ अकर्मण्य, मालदार राजनीतिक विद्वान् अख़बारों को उल्था कर-कर टीका-टिप्पणी के साथ समाज में चर्चा करते हुए पाचन-शक्ति बढ़ा रहे थे।

होटल में रहकर देहात से आनेवाले शहरी युवक मित्रों से सुना करता था—गढ़ाकोला में भी आंदोलन ज़ोरों पर है, छः-सात सौ तक का जोत किसान लोग इस्तीफ़ा देकर छोड़ चुके हैं। वह ज़मीन अभी तक नहीं उठी। किसान रोज इकट्ठे होकर झंडा-गीत गाया करते हैं।

साल-भर बाद आंदोलन में प्रतिक्रिया हुई। जमींदारों ने दावा करना और रियाया को बिना किसी रियायत के दबाना शुरू किया, तब गाँव के नेता मेरे पास मदद के लिए आए।

बोले—"गाँव में चलकर लिखो। तुम रहोगे, तो मार न पड़ेगी, लोगों को हिम्मत रहेगी, अब सख़्ती हो रही है।"

मैंने कहा—"मैं कुछ पुलिस तो हूँ नहीं, जो तुम्हारी रक्षा करूँगा; फिर मार खाकर चुपचाप रहनेवाला धैर्य मुझमें बहुत थोड़ा है। कहीं ऐसा न हो कि शक्ति का दुरुपयोग हो।"

---

1. 1929 ई.

गाँव के नेता ने कहा–"तुम्हें कुछ करना तो है नहीं। बस, बैठे रहना है।" मैं गया।

इन दिनों सविनय अवज्ञा-आंदोलन समाप्त हो चुका था। अछूतोद्धार की समस्या थी। आंदोलन का केंद्र रायबरेली था। पहले नमक-कानून दलमऊ में तोड़ा जानेवाला था, पर कार्यकर्ता दलमऊ से रायबरेली चले गए थे, ताकि पुलिस को तकलीफ़ न हो। अदालत जानेवाले, वकीलों, पुलिस के नौकरों, सरकारी अफ़सरों, पंडों, पुरोहितों, जमींदारों और ताल्लुकेदारों से घृणा करने लगे थे।[1]

मेरे गाँव की कांग्रेस ऐसी थी कि जिले के साथ उसका कोई ताल्लुक न था–किसी खाते में वहाँ के लोगों के नाम दर्ज न थे, पर काम में पुरवा-डिवीज़न में उससे आगे दूसरा गाँव न था! जाने के बाद पता नहीं, कितनी दरख्वास्तें ज़मींदार साहब ने इधर-उधर लिखीं।

कच्चे रंगों से रंगा तिरंगा झंडा, महावीर स्वामी के सामने एक बड़े बाँस में गड़ा, बारिश से धुलकर धवल हो रहा था। इन दिनों मुकदमेबाजी और हक़ीकत जोरों से चल रही थी। कुछ किसानों पर, एक साल के हरी-भूसे को तीन साल की बाक़ी बनाकर, ज़मींदार साहब ने दावे दायर किए थे, जो अपनी क्षुद्रता के कारण ज़मींदार ऑनरेरी मजिस्ट्रेट के पास आकर किसानों की दृष्टि में और भयानक हो रहे थे।

एक दिन दरख्वास्तों के फलस्वरूप शायद दरोगाजी तहकीकात करने आए। मैं मगरायर डाक देखने जा रहा था। बाहर निकला, तो लोगों ने कहा–"दरोगाजी आए हैं, अभी रहो।" आगे दरोगाजी भी मिल गए। जमींदार साहब ने मेरी तरफ दिखाकर अँगरेजी में धीरे-से कुछ कहा। तब मैं कुछ दूर था, सुना नहीं। गाँववाले समझे नहीं। दरोगाजी झंडे की तरफ जा रहे थे। जमींदार शायद उखड़वा देने के इरादे से लिए जा रहे थे।

महावीर के अहाते में झंडा देखकर दरोगाजी कुछ सोचने लगे। बोले–"यह तो मंदिर का झंडा है।" अच्छी तरह देखा, उसमें कोई रंग न देख पड़ा। ज़मींदार साहब को ग़ौर से देखते हुए लौटकर डेरे की तरफ चले। ज़मींदार साहब ने बहुत समझाया कि यह बारिश से धुलकर सफ़ेद हो गया है, लेकिन यह है कांग्रेस का झंडा।

दरोगाजी बुद्धिमान थे। महावीरजी के अहाते में सफ़ेद झंडे को उखड़वाकर वीरता प्रदर्शित करने की आज्ञा न दी। गाँव में कांग्रेस है, इसका पता न सब-डिवीजन में लगा, न ज़िले में, थानेदार साहब करें क्या!

1. कुल्लीभाट

उन दिनों मुझे उन्निद्र-रोग था, इसलिए सिर के बाल साफ थे। मैंने सोचा—वेश का अभाव है, तो भाषा को प्रभावशाली करना चाहिए; नहीं तो थानेदार साहब पर अच्छी छाप न पड़ेगी। वहाँ तो महावीर स्वामी की कृपा रही, यहाँ अपनी ही सरस्वती का सहारा है। मैं ठेठ देहाती हो रहा था। थानेदार साहब ने मुझसे पूछा—"आप कांग्रेस में हैं ?"

मैंने सोचा, इस समय राष्ट्र-भाषा से राजभाषा का बढ़कर महत्त्व होगा। कहा—"मैं तो विश्व-सभा का सदस्य हूँ।"

इस सभा का नाम भी थानेदार साहब ने न सुना था। पूछा—"यह कौन-सी सभा है ?"

उनके जिज्ञासा-भाव पर गंभीर होकर नोबल-पुरस्कार पाए हुए कुछ लोगों के नाम गिनाकर मैंने कहा—"यह सब उसी सभा के सदस्य हैं।"

थानेदार साहब क्या समझे, वे जानें। मुझसे पूछा—"इस गाँव में कांग्रेस है ?"

मैंने सोचा, युधिष्ठिर की तरह सत्य की रक्षा करूँ, तो असत्य भाषण का पाप न लगेगा। कहा—"इस गाँव के लोग तो कांग्रेस का मतलब भी नहीं जानते।"

इतना कहकर मैंने सोचा—'अब ज्यादा बातचीत ठीक न होगी।' उठकर खड़ा हो गया, और थानेदार साहब से कहा—"अच्छा, मैं चलता हूँ। ज़रा डाकखाने में काम है। मेरी ज़रूरी चिट्ठियाँ होती हैं, और रजिस्ट्री, अखबार, मासिक पत्र-पत्रिकाएँ आती हैं। फिर उस गाँव में हम लोगों की लाइब्रेरी भी है, जाना पड़ता है।"

थानेदार साहब ने पूछा—"कांग्रेस की चिट्ठियाँ आती हैं ?"

मैंने कहा—"नहीं, मेरी अपनी।" मैं चला आया। थानेदार साहब ज़मींदार साहब से शायद नाराज होकर गए।

इससे बचाव हुआ, पर मुकदमा चलता रहा। ज़मींदार ऑनरेरी मैजिस्ट्रेट ने, जिनके एक रिश्तेदार की तरफ से वकील थे, किसानों पर ज़मींदार को डिगरी दे दी। दावे दायर हो गए, अब तक जो सम्मिलित धन मुकदमों में लग रहा था, सब खर्च हो गया। पहले की डिगरी में कुछ लोगों के बैल वग़ैराह नीलाम कर लिए गए। लोग घबराए। मदद की आशा न रही। मैंने गाँव में कुछ पक्के गवाह ठीक कर दिए।[1]

एक दिन ससुराल-दलमऊ में अछूत पाठशाला देखने गया। देखा, गड़हे के किनारे ऊँची जगह पर, मकान के सामने एक चौकोर जगह है। कुछ पेड़ हैं। गड़हे के चारों ओर के पेड़ लहरा रहे हैं। एक कुटीनुमा बँगले के सामने टाट बिछा है, उस पर अछूत लड़के श्रद्धा की मूर्ति बने बैठे हैं। आँखों से निर्मल रश्मि निकल

1. चतुरी चमार

रही है। काफ़ी लड़के। मुझे देखकर सम्मान-प्रदर्शन करते हुए नत-शिर अपने-अपने पाठ में रत हैं। बिल्कुल प्राचीन तपोवन का दृश्य।

इनके कुछ अभिभावक भी आए हैं। दोनों में फूल लिए हुए, मुझे भेंट करने के लिए। इनकी ओर कभी किसी ने नहीं देखा। ये पुश्त-दर-पुश्त से सम्मान देकर नत-मस्तक ही संसार से चले गए हैं। संसार की सभ्यता के इतिहास में इनका स्थान नहीं।

ये नहीं कह सकते, हमारे पूर्वज कश्यप, भारद्वाज, कपिल, कणाद थे; रामायण, महाभारत इनकी कृतियाँ हैं; अर्थशास्त्र, कामसूत्र इन्होंने लिखे हैं; अशोक, विक्रमादित्य, हर्षवर्द्धन, पृथ्वीराज इनके वंश के हैं। फिर भी ये थे, और हैं।

अधिक न सोच सका। मालूम दिया, जो कुछ पढ़ा है, कुछ नहीं; जो कुछ किया है, व्यर्थ है; जो कुछ सोचा है, स्वप्न। मैं बार-बार आँसू रोक रहा था।

इसी समय बिना स्तव, बिना मंत्र, बिना वाद्य, बिना गीत के, बिना बनाव, बिना सिंगारवाले वे चमार, पासी, धोबी और कोरी दोने में फूल लिये हुए मेरे सामने आ-आकर रखने लगे। मारे डर के हाथ पर नहीं दे रहे थे कि कहीं छू जाने पर मुझे नहाना होगा। इतने नत। इतना अधम बनाया है मेरे समाज ने उन्हें।

मैंने उन्हें समझाया, मैं उनका आदमी हूँ, उनकी भलाई चाहता हूँ। उन्हें उसी निगाह से देखता हूँ, जिससे दूसरे को। उन्हें इतना ही आनंद विह्वल किए हुए है। बिना वाणी की वह वाणी, बिना शिक्षा की वह संस्कृति प्राण का पर्दा-पर्दा पार कर गई। लज्जा से मैं वहीं गड़ गया।

वह दृष्टि इतनी साफ है कि सब कुछ देखती-समझती है। वहाँ चालाकी नहीं चलती। ओफ! कितना मोह है। मैं ईश्वर, सौंदर्य, वैभव और विलास का कवि हूँ! फिर क्रान्तिकारी!

संयत होकर मैंने कहा—"आप लोग अपना-अपना दोना मेरे हाथ में दीजिए, और मुझे उसी तरह भेंटिए, जैसे मेरे भाई भेंटते हैं।" बुलाने के साथ मुस्कुराकर वे बढ़े। वे हर बात में मेरे समकक्ष हैं, जानते हैं। घृणा से दूर हैं। वह भेद मिटते ही आदमी आदमी, मन और आत्मा से मिले, शरीर की बाधा न रही।

मैं और कुछ नहीं कर सका। देखकर चला आया, कुछ लड़कों से कुछ पूछकर।[1]

●

मैं गाँव में ही था। एम.ए. का इम्तहान देकर वाजपेयीजी[2] गाँव आए। कभी वह मेरे गाँव आते थे, कभी मैं उनके गाँव जाता था। एक दिन निश्चय हुआ, यहाँ

1. कुल्लीभाट, 2. श्री नन्ददुलारे वाजपेयी

एक पुस्तकालय क़ायम किया जाय। चूंकि वाजपेयीजी का गाँव बड़ा है, इसलिए उसी गाँव के लिए निश्चय हुआ। यह इरादा पहले मैं पक्का कर चुका था।

वाजपेयीजी के चाचा पं. रामेश्वरजी वाजपेयी (श्रीआनंदमोहन वाजपेयी एम. ए. के पिता) से परामर्श हुआ। सभा हुई। स्थानीय सभासदों की सहानुभूति और सम्मति मिली। मैं शुरू से अदूरदर्शी था, आदर्शप्रियता में पड़कर कुछ किताबें, पत्र-पत्रिकाएँ और रुपए दिए। एक सज्जन ने भवन बनने तक अपनी बैठक में पुस्तकालय के लिए जगह दी। काम जारी हो गया, लेकिन स्थानीय लोगों की वैसी सहानुभूति न मिली।

पुस्तकालय द्वारा आस-पास की जनता के लिए व्याख्यानों की योजना हुई, जिसमें अनेक उपयुक्त विषयों पर मेरे और वाजपेयीजी के व्याख्यान हुआ करते थे। उनसे आसपास की जनता में अच्छी जागृति हो गई थी।

●

एक दिन यह तय हुआ कि आचार्य द्विवेदीजी[1] के यहाँ चला जाय। द्विवेदीजी का गाँव दौलतपुर, वाजपेयीजी के गाँव मगरायर से 17-18 मील पड़ता है। बैलगाड़ी पर चढ़कर हम लोग आचार्य द्विवेदीजी के दर्शनों के लिए चले।[2]

उनके हृदय में मेरे लिए स्नेह था। कुछ चक्कर काटते हम लोग आचार्य द्विवेदीजी के यहाँ दौलतपुर पहुँचे।

साहित्यिक बातचीत चली। मैं बैठा आनंद लेता रहा। द्विवेदीजी ने मेरे लिए भी कई प्रयत्न किए थे, पर उनकी शिक्षा का निर्वाह मेरी शक्ति से बाहर की बात थी।

पहर रात रहते हम लोग गाड़ी पर बैठकर गाँव चल दिए।[3]

●

मेरी थोड़ी-सी जमींदारी हक़वाली ज़मीन और बाग़ात हैं। इनका रेकार्ड दुरुस्त करवाना था। इनका मैं ही मालिक था। हम लोग बीघापुर स्टेशन उतरने के लिए पहले कानपुर जाते थे, फिर वहाँ से बीघापुर। प्रयाग से भी रास्ता है, पर तब ऊँचाहार और दलमऊ, दो जगह गाड़ी बदलनी पड़ती थी। देर हो जाती थी, हैरानी ऊपर से होती थी। अस्तु।

कानपुर से गाँव जाकर गाँव से कानपुर जाता था। विद्यार्थी[4] जी के समय तक मैं बराबर नवीनजी[5] से कानपुर जाने पर मिलता रहा। गाँव आने पर मैं दो-एक बार द्विवेदीजी के दर्शन करने जाया करता था। इधर द्विवेदीजी जुहू (कानपुर) में

---

1. आचार्य महावीरप्रसाद द्विवेदी 4, 2-3 चाबुक, 4. गणेश शंकर, 5. बालकृष्ण शर्मा,

रहते थे। उनके दर्शन करने थे। मैं चालीस रुपए मुंशीजी[1] से खर्च लेकर चला।

एक दिन शौक चर्राया। फुटबाल हो रहा था। छुटी आदतें; पर मैं भी 'बैक' के लिए तैयार हो गया। फिसला एक शाट, दाहना फुट पीड़ा-युक्त हो गया। चारपाई से न उठ सकने वाली अवस्था, छत्तीस घण्टे लट्ठ की सहायता से चलने वाली। सात दिन बाद चला, पर कसक थी।[2]

हार गया जीवन-रण,
छोड़ गए साथी जन।
एकाकी नैश क्षण,
कंटक-पथ, विगत पाथ!

1. नवजादिकलाल 4, 2. पत्रांश

छतरपुर में

प्रसंगवश मुझे छतरपुर जाना पड़ा। पाठक जानते हैं, "शिवा को सराहौं की सराहौं छत्रसाल को"—महाकवि भूषण ने छत्रसाल को जातीयता की दृष्टि से कितना उच्च आसन दिया है। छतरपुर इन्हीं महाराजा छत्रसाल की बसायी हुई राजधानी है। बुन्देलखण्ड के ओरछा, पन्ना आदि स्टेटों की तरह यह भी एक प्रभावशाली प्राचीन स्टेट है। अन्यान्य बड़े देशी राज्यों की तरह इसे भी कुल अधिकार प्राप्त हैं। स्टेट के दीवान हैं हिंदी के चिरपरिचित पंडित शुकदेव बिहारीजी मिश्र, मिश्र-बन्धुओं के छोटे भाई। मैं छतरपुर महाराज साहब के प्राइवेट सेक्रेटरी हिन्दी के प्रसिद्ध लेखक, दार्शनिक बाबू गुलाबराय जी के यहाँ ठहरा। तीसरे रोज महाराज से मुलाकात हुई। 'सुधा' के पाठकों को मालूम होगा, चंडीदास के प्रबन्ध में एक अनुवाद की चर्चा करते हुए मैंने महाराज साहब और उनके सेक्रेटरी महोदय का उल्लेख किया है। वह अनुवाद बाबू गुलबराय जी के मार्फत घर से मैंने महाराज साहब के पास भेज दिया था। उस अनुवाद में मैंने चंडीदास की स्वर की लड़ी पर भी ध्यान रखा है। यानी अनुवाद की स्वर लड़ी। उतनी ही मात्राएँ होती हैं जितनी चंडीदास के मूल पद की प्रत्येक लड़ी। 'सुधा' में चंडीदास प्रबन्ध के उद्धरण-अंश में पाठकों के मिलान करने की सुविधा के विचार से मूल अनुवाद दोनों ही दे दिए गए हैं। छतरपुर में महाराजा साहब ने ललित किशोरी (ब्रजभाषा के एक कवि) के लिखे किसी छन्द में मैंने जो अनुवाद किया। इस अनुवाद में मुझे अपनी तरफ से कुछ शब्द रखने पड़े हैं। कारण, चंडीदास की स्वरलड़ी से इस छन्द की स्वरलड़ी कुछ बड़ी है। अधिक शब्द चाहती है।

एक दिन हम लोग बाबू गुलाबराय जी की 'शस्य स्यामलाम्' चले। मनोहर पहाड़ी की तल भूमि में, छः-सात बीघे जगह घेरकर बाबू गुलाबराय जी ने एक बाड़ी तैयार की है। उसे ही 'शस्य स्यामलाम्' कहते हैं।

कुछ पेड़ अमरूद, नारंगी आदि के हैं, कुछ फूलों के। एक जगह एक छोटा सा पक्का मन्दिर है, जिसमें शायद शिव जी स्थापित हैं। बीच में एक बड़ा-सा

पक्का कुआँ है, और अगल-बगल गेहूँ, जव, चने, मटर, अलसी, सरसों आदि के खेत। हाता काँटों से घेरा हुआ। हम तीन आदमी थे–बाबू गुलाबरायजी, पं. रामनारायणजी शर्मा और मैं। रामनारायणजी उठकर एक खेत की ओर गए, शाम हो रही थी। पत्रों पर ओस ने 'मुक्ताओं' के बिन्दु बैठा दिए थे। रामनारायणजी कुछ देर तक वह शोभा देखते रहे, कुछ देर सोचते रहे। उन्हें एक शब्द मिल गया–'श्रमकन झलकन'। अनुप्रास के आप बड़े भक्त हैं, श्रमकन झलकन ने आपको मुग्ध कर दिया और इस अनुप्रास भक्ति की आफत का बज्र टूटा मेरे ऊपर–'श्रमकन-झलकन' की पूर्ति कर दीजिए। शब्दों की सैकड़ों उखाड़-पछाड़, आवर्तन-विवर्तन तथा जन्म-मरण, पुनर्जन्मादि के बाद, बड़ी मुश्किल से एक दोहा तैयार हो सका। वह यह है–

"लख्यों बिजन बन गहन में, श्रमकन झलकन वारि।
खरी मोतियन लर जरी, परी हरी बर-नारि।।"

इसके बाद मैं बीमार पड़ गया। मियादी बुखार से करीब 15 उपवास पड़े। बाबू गुलाबराय जी तथा डॉक्टर सी. भट्टाचार्य महोदय के संयत सुशृंखल प्रयत्न से अच्छा होकर 26वें दिन सकुशल घर वापस आ गया।[1]

जैसे मैं बाजार में बिका
कौड़ी मोल, पूर्ण शून्य दिखा।[2]

1. चयन, 2. अर्चना

मुक्त छंद

मैंने 'मतवाला' में मुक्त छंद और मुक्त गीत लिखना शुरू किया था। हालाँकि मैं और कई साल पहले से लिख रहा था, लेकिन उस समय तक हिंदी के पत्रों में ऐसे छंदों को स्थान न मिलता था। महादेव बाबू ने मेरे छंदों के प्रचार के लिए 'मतवाला' निकाला था।

मेरे छंदों के अलावा अपनी अन्य पाठ्य-सामग्री के कारण तब तक, छः-ही-सात महीनों में, मतवाला काफ़ी लोकप्रिय हो चुका था। मेरी कविताएँ ताज्जुब की निगाह से, नासमझी से, देखी और पढ़ी जाती थीं।

मेरे 'अमित्र' जी जो पहले-पहल लोगों से मैत्री नहीं कर सके, इसका मुख्य कारण यही है, उनके हृदय में सहृदयता काफ़ी थी, वेश-वैचित्र्य के होने पर भी, इंगितैर्गत्या, वह अपने ही जान पड़ते थे। पूर्व-कथित कारण के अनुसार, उन्हें देखकर, हमारे कुछ पूज्यपाद आचार्यों ने और कुछ कवि महोदयों ने अपनी अमूल्य सम्मति की एक कौड़ी भी फ़िज़ूल खर्च में नहीं जाने दी।

गतवर्ष कलकत्ते में हिंदी के प्रसिद्ध कवि बाबू मैथिलीशरण जी गुप्त से मुलाकात हुई, और इस अमित्र छंद के संबंध में उनके पूछने पर मेरी ओर से उन्हें जो उत्तर मिला, उनकी उस समय की प्रसन्नता से मुझे ऐसा जान पड़ा, जैसे दो मनुष्यों के हृदय की बातें एक हो गई हों—जैसे मेरे विचार और उनके विचार एक हो गए हों। गुप्तजी ने कहा—"मेरा भी यही विश्वास है कि मुक्त काव्य हिंदी में कवित्त छंद के आधार पर ही सफल हो सकता है।"

गुप्त जी द्वारा किया गया वीरांगना-काव्य का अनुवाद जिन दिनों 'सरस्वती' में निकल रहा था, उन दिनों इस अमित्र छंद की सृष्टि मैं कर चुका था—मैं कर क्यों चुका था, भाव के आवेश में 'जुही की कली' उन दिनों मेरी कापी में खिल चुकी थी।

गुप्तजी के छंद में नियम थे। मैंने देखा, उन नियमों के कारण उस अनुवाद में बहाव कम था। वह बहाव जैसे नियम के कारण आए हुए कुछ अक्षरों को,

उनके बाँध को तोड़कर, स्वच्छंद गति से चलने का प्रयास कर रहा हो। वे नियम मेरी आत्मा को असह्य हो रहे थे—कुछ अक्षरों के उच्चारण से जिह्वा नाराज हो रही थी।

जिस समय आचार्य पंडित महावीरप्रसाद द्विवेदी 'सरस्वती' के संपादक थे, 'जुही की कली' 'सरस्वती' में छापने के लिए मैंने उनकी सेवा में भेजी थी। उन्होंने उसे वापस करते हुए पत्र में लिखा—"आपके भाव अच्छे हैं, पर छंद अच्छा नहीं। इस छंद को बदल सकें, तो बदल दीजिए।"

मेरे पास ज्यों की त्यों वह तीन-चार साल तक पड़ी रही। फिर संगीतात्मक विषम-मात्रिक गीत-काव्य में मैंने अपनी 'अधिवास' नाम की कविता 'सरस्वती' के वर्तमान संपादक श्रीपदुमलाल पुन्नालालजी बख्शी बी.ए. महोदय के पास भेजी। पंतजी ने अपने 'पल्लव' के 'प्रवेश' में भी इसकी आलोचना की है, और इसमें संगीत के रहने के कारण इसे हिंदी की अपनी वस्तु बतलाया है (कारण, गीत-काव्य उनके छंदों के प्रवाह से मिलता-जुलता है) अस्तु!

बख्शीजी ने उस कविता पर यह नोट लिखा—"इसके भाव समझ में नहीं आए, इसलिए सधन्यवाद वापस करता हूँ।" यह उस साल की बात है, जिस साल पहले-पहल बख्शीजी 'सरस्वती' के संपादक हुए थे।

हिंदी संसार समझ सकता है कि संपादकों की इतनी बारीक समझ बेचारे नए लेखक और कवि पर क्या काम करती है। दो वर्ष बाद पूज्यपाद आचार्य द्विवेदीजी महाराज ने 'समन्वय' वालों से मेरा परिचय कराया। क्रमशः अनुकूल समय के आने पर मैं 'समन्वय' का संपादक (प्रत्यक्ष विचार से सहायक) होकर कलकत्ता गया। हिंदी के साहित्यिकों में मेरे प्रथम मित्र बाबू महादेवप्रसादजी सेठ (मतवाला के सुयोग्य संपादक) और बाबू शिवपूजनसहायजी (हिंदी के स्वनामधन्य लेखक)।

श्रीमान् सेठजी को मेरी कविता में तत्त्व दिखलाई पड़ा, वह हृदय से उसके प्रशंसक हुए। बाबू शिवपूजनसहायजी ने अपने 'आदर्श' में मेरी 'जुही की कली' को जगह दी, और भावों की प्रशंसा से मुझे उत्साह भी दिया। इसके पश्चात् वही 'अधिवास', जिसे बख्शीजी ने न समझ सकने के कारण वापस कर दिया था, सेठजी के कहने पर बाबू शिवपूजनसहायजी ने 'माधुरी' के संपादकों के पास भेज दिया।

'माधुरी' के उस समय के संपादक श्री दुलारेलालजी भार्गव और श्रीरूपनारायणजी पांडेय ने उसे 'माधुरी' के मुख-पृष्ठ पर निकाला। यह बात 'माधुरी' के प्रथम वर्ष की है। कलकत्ते में पांडेयजी की कविता-मर्मज्ञता प्रसिद्ध थी, इसीलिए वह कविता उनके पास भेजी गई थी। भार्गवजी भी मेरी कविता के प्रशंसक थे, यह मुझे मालूम हुआ, जब वह कलकत्ता गए।

और भी मेरी कई कविताएँ 'माधुरी' में अग्र-पश्चात् निकलीं, परन्तु मुझे हिंदी-संसार के सामने लाने का सबसे अधिक श्रेय है सहृदय साहित्यिक श्री बालकृष्णजी शर्मा 'नवीन' के शब्दों में छिपे हुए हीरे श्री महादेवप्रसादजी सेठ को और उनके पत्र 'मतवाला' को। मुझे मेरे 'मास्टर साहब' हिंदी के वृद्ध केसरी श्रीमान् राधामोहन गोकुलजी ने किसी से कम प्रोत्साहन नहीं दिया।

16-17 से अधिक न था। कल्पना की सुदूर भूमि में हिंदी के अभिनय की सफलता पर विचार करते हुए, बोलते हुए, पाठ खेलते हुए जिस छंद की सृष्टि हुई, वह यही है, और पीछे से विचार करके भी देखा, तो इसे स्वभाव-वश निश्छल हृदय की सत्य ज्योति की तरह निकला हुआ पाया। वेदों और उपनिषदों में इसकी पुष्टि के प्रमाण भी अनेक मिले, और सबसे प्रधान युक्ति, जिस किसी के सामने मैंने इसे पढ़ा, उसी के हृदय में 'कुछ है' के रूप से इसने घर कर लिया। पं. जगन्नाथप्रसादजी चतुर्वेदी, पं. अयोध्यासिंहजी उपाध्याय, पं. सकलनारायणजी शर्मा, पं. चंद्रशेखरजी शास्त्री इसके उदाहरण हैं।

पूज्यपाद द्विवेदीजी महाराज ने भी इसे मेरे मुख से सुना, और उस समय की उनकी प्रसन्नता ने मुझे सफलता का विश्वास दिलाया।[1]

> "मुक्त छंद सहज प्रकाश वह मनका।
> निजभावों का प्रकट अकृत्रिम चित्र।।[2]

मेरा लिखा हुआ स्वच्छंद छंद पौराणिक नाटकों के लिए उपयोगी है। इसी विचार से मैंने लिखा भी था। अवश्य काव्य लिखने के विचार से पहले मैंने उसे 'मिल्टन' की तरह क्लिष्ट भाषा-पूर्ण कर दिया था, पर मेरा असली मतलब उसे पौराणिक नाटकों में लाना ही था।

ये सब बाहर की बातें हुईं। एक वह दिन था, जब हिंदी-संसार एक तरफ और मैं अपने अमित्र महाशय के साथ एक तरफ़ था।

एक रोज़ एक सम्मेलन में हिज़ हाईनेस बरोदा आए थे। मैं सामने की सबसे बढ़िया कुरसी पर बैठा था। एक सज्जन ने कहा—"महाराज बरोदा आ रहे हैं, यह कुरसी छोड़ दीजिए।" मैंने कुरसी छोड़ दी।

बाबू पुरुषोत्तमदासजी टंडन ने हिज हाईनेस, बरोदा की कुछ शब्दों में तारीफ की, सभापतिजी के कहने पर। महाराजा बरोदा की आँखों में ताज्जुब था। उन्होंने शायद मेरे पढ़ते वक्त ही मेरे संबंध में कुछ पूछा था। शायद टंडनजी ने ही दो-चार शब्दों में परिचय दिया था। पढ़ते वक्त मैं तन्मय था। पढ़ने के बाद बाबू महादेव प्रसादजी से मालूम किया। पं. श्यामबिहारीजी मिश्र भौचक्के हुए कह रहे थे—"यह

1. पंत जी और पल्लव, 2. परिमल

क्या है, गद्य या पद्य ?"[1]

मैंने अपने इन छंदों को अनेक गोष्ठियों में पढ़ा और हिन्दी के अधिकांश सज्जनों ने सुना। लोगों से मुझे उत्साह मिलता रहा, पर दूसरों की पठन अक्षमता का आक्षेप भी अक्सर सुनता रहा।[2]

मैंने पढ़ने और गाने, दोनों के मुक्त रूप निर्मित किए। पहला वर्ण-वृत्त में है, दूसरा मात्रा-वृत्त में। इनसे हटकर मुक्त रूप में छंद जा नहीं सकता। गाना भी जो मैंने सिखाया है, वह हिंदी का पुराना राग नहीं कि कविजी कवि-सम्मेलन में शाम के वक्त भैरवी में कविता पढ़ने लगे। तबले के सामने बैठा दीजिए, तो भैरवी भी भूल जाए। मेरा गाना भी कविता का ही गाना है। गीत तो मैंने अलग लिखे हैं।

मुक्त छंद की रचना में मैंने भाव के साथ रूप-सौंदर्य पर ध्यान रखा है, बल्कि कहना चाहिए, ऐसा स्वभावतः हुआ, नहीं तो मुक्त छंद न लिखा जा सकता, वहाँ कृत्रिमता नहीं चल सकती।[3]

तब भी मैं इसी तरह समस्त
कवि-जीवन में व्यर्थ ही व्यस्त
लिखता अबाध गति मुक्त छंद,
पर संपादकगण निरानंद
वापस कर देते पढ़ सत्वर–
दे एक पंक्ति दो में उत्तर।
लौटी रचना लेकर, उदास
ताकता हुआ मैं दिशाकाश,
बैठा प्रांतर में, दीर्घ प्रहर
व्यतीत करता था गुन-गुन कर।
संपादक के गुण यथाभ्यास–
पास की नोचता हुआ घास
अज्ञात फेंकता इधर-उधर,
भाव की चढ़ी पूजा उन पर।"[4]

1. पंतजी और पल्लव, 2. प्रान्तीय साहित्य सम्मेलन, फ़ैज़ाबाद (प्रबन्ध प्रतिमा), 3. मेरे गीत और कला (प्रबन्ध पत्र), 4. सरोज स्मृति

साहित्यिक सन्निपात

मैंने 'भारत'[1] में एक लेख लिखा था—'वर्तमान धर्म'। इसमें अपने रहस्यवाद-ज्ञान का परिचय दिया था।

'विशाल भारत' के संपादक पं. बनारसीदास चतुर्वेदी ने उसी 'वर्तमान धर्म' को 'साहित्यिक सन्निपात' शीर्षक देकर अपने पत्र में प्रकाशित किया, और लोगों की सम्मति माँगी। इससे पहले उन्होंने उस 'वर्तमान धर्म' का अर्थ कर देनेवाले साहित्यिक को पच्चीस रुपए का पुरस्कार अपने पत्र में घोषित किया था। पर मुझ पर आक्षेप होने पर मुझे उनकी पुरस्कार घोषणा का हाल साथ-साथ मालूम हुआ।

'वर्तमान धर्म' 'भारत' में छप जाने के बाद मैं खुद चलकर चार-पाँच बार कलकत्ते में चतुर्वेदीजी से मिला, पर उन्होंने 'वर्तमान धर्म' का अर्थ कर देने के लिए मुझसे नहीं कहा। मेरे विरुद्ध आक्षेप करने से पहले मुझे चिट्ठी नहीं लिखी, मुझे सूचित नहीं किया, मुझे अर्थ कर देने के लिए नहीं पूछा। पौष, 1989 के 'विशाल भारत' में चतुर्वेदीजी फ़र्माते हैं—''जब 'निराला' जी उत्तर ही नहीं देते...।''

मैंने उन्हें एक चिट्ठी लिखी थी, और रायों के साथ छाप देने के लिए कहा था, पर उन्होंने मेरा पत्र प्रकाशित नहीं किया।

मार्गशीर्ष, 1989 की 'सुधा' में मैंने साहित्यिकों तथा साहित्य-प्रेमियों से निवेदन किया था कि 'वर्तमान धर्म' की टीका मैं 'विशाल भारत' में भेज रहा हूँ। पीछे विचारकर देखा, तो समझ में आया, जिस 'विशाल भारत' ने मेरा एक छोटा-सा पत्र लिखने पर भी नहीं छापा, वह अपने प्रोपगेंडा का उचित उत्तर क्यों छापेगा।

'वर्तमान धर्म' की टीका करने वाले साहित्यिकों को 25 रुपए पुरस्कार चतुर्वेदीजी ने घोषित कर दिया, पर मुझे तीन पैसे का एक कार्ड अर्थ समझने के लिए वह नहीं लिख सके। इससे प्रकट है, वह 'वर्तमान धर्म' का अर्थ चाहते हैं या मेरे विरुद्ध प्रोपगेंडा करना। चार-पाँच महीने तक मेरे लिखने पर वह मेरे पास 'विशाल भारत' भेजते रहे।

---

1. अक्टूबर 1932, इलाहाबाद

पर जब से मैं 'रंगीला' का संपादन छोड़कर कलकत्ते से घर आया, 'विशाल भारत' मुझे नहीं मिला।

दैनिक 'लोकमान्य' में 'साहित्यिक सन्निपात' शीर्षक से मुझ पर चतुर्वेदीजी ने पुनः आक्षेप किया, जिसके कुछ वाक्य—"यार लोगों ने हिंदी-साहित्य को विधवा ख़ाला का घर समझ लिया है, जहाँ कोई धनी-धोरी है ही नहीं। जो जिसके मन में आता है, ऊटपटाँग लिख मारता है। पब्लिक के समय और पैसे का मानो कोई मूल्य ही नहीं।"

मैंने उत्तर उन्हीं के पास छपने के लिए भेज दिया। अगहन का 'विशाल भारत' रायों के साथ निकला। राय देनेवाले एक-से-एक बढ़कर साहित्यिक, जिन्हें सम्मति देते हुए पहलेपहल देखा मैंने!

चतुर्वेदीजी ने राय माँगी, लेख के विषयों को बिल्कुल उड़ा दिया।

'वर्तमान धर्म' की टीका हो चुकने पर चतुर्वेदीजी के प्रोपॅगेंडा पर लिखा—"समझाइए या अपने प्रपितामहों की अक़्ल पर भी प्रोपॅगेंडा शुरू कीजिए। तब मैं समझूँ कि आप दमदार हैं, आदमी हैं।"[1]

लांछना-इंधन हृदय-तल जले अनल![2]

---

1. साहित्यिकों और साहित्य, प्रेमियों से निवेदन (संग्रह), 2. अपरा (दे मैं करूं वरण)

मल्ल भल्ल की मारें मूर्च्छित हुई

सोचा था, दलबंदी के दलदल में न पड़ूँगा। मार का जवाब प्यार से दूँगा, पर आफ़त का पहाड़ हरि की इच्छा से मुझी पर आ टूटा। जिस रोज मैंने साहित्य के खाते में नाम लिखाया, उसी रोज से हिंदी-साहित्य के आचार्यों ने पाठ पढ़ाना शुरू कर दिया कि जब तक जियो, अपने हाथों अपनी नाक काटकर दूसरों का सगुन बिगाड़ते रहो। सब हिंदीवाले मेरे खिलाफ हो गए।

जब चारों ओर से साहित्य के स्वाधीनचेता महापुरुषों ने बगावत का झंडा खड़ा किया, डेढ़ इंच की कविता की खाई को पार कर जाने की सलाह साहित्य के वृद्ध संपाती ने समागत लंगूर-दल को दी। डेढ़ इंच के हिसाब से लाँग जंप करने से छायावाद की माया से यह तत्काल डेढ़ गज की हो गई। कुछ रोज ठहरकर सोचा, शिकार ही करना है, तो किसी शेर का करो, जंगल से गीदड़ क्यों उड़ाओगे ? शेर के नाम से एक शेर याद आ गया (भगवान् जाने, सेर है या सवा सेर)—

यारो शेरे बबर से न डरना कभी;
पर विधवा से शादी न करना कभी।

मैंने कहा—मैं साहित्य की किसी विधवा का ही शिकार खेलूँगा। मैं खोज के महकमे में बहुत काल तक सी.आई.डी. का अफ़सर रह चुका हूँ। साहित्य के हर मासिक दफ़्तर की जाँच शुरू कर दी। बहुत काल के बाद चैत्र-मास की 'सुधा' में एक लेख मिला 'साहित्य-कला और विरह।' नाम देखा, तो पं. हेमचंद जोशी और इलाचंद जोशी। पहले तो नाक सिकुड़ गई। सोचा, पुरुष विधवा ही सही, मुझे विवाह थोड़े ही करना है।

पं. पद्मसिंह शर्मा की उक्ति है कि जरायमपेशा साहित्यिकों के प्रति सहनशील बनना अनुचित है।

शर्माजी जैसे संस्कृत साहित्य के पारदर्शी, विद्वान, सरल, मधुरभाषी, प्रसन्न-मुख, स्नेहशील, सहृदय, यथार्थ काव्य-मर्मज्ञ के प्रति मेरी यथेष्ट श्रद्धा है। देखकर जी चाहता है, उनकी सेवा करूँ, उन्हें प्रसन्न करूँ। उनकी तरह बिना किसी

कारण के स्नेह करनेवाले आचार्य हिंदी में दो ही चार मुश्किल से होंगे।

जोशी-बंधुओं के अज्ञान का इतना बड़ा ज्ञानाडंबर मेरी प्रकृति को असह्य हो रहा था। तमाम वाक्यों में गदाधर का गद्य-काव्य भरा हुआ था।

गदाधर मेरे एक मित्र थे। साधारण हिंदी जानते थे। उन दिनों हिंदी के किसी प्रसिद्ध पत्र में गद्य-काव्य बहुत छपा करता था, और गद्यकाव्य के लेखक शीर्षक के नीचे ही लिखा करते थे—ख़ास 'क' पत्र के लिए लिखित। गदाधर ने सोचा, जिस शीर्षक के नीचे इतना बड़ा साइनबोर्ड है, वह ज़रूर बड़े महत्त्व की चीज़ होती होगी। फिर मैं उन्हें जब कभी देखता, पत्र लेकर उतना अंश बड़े ध्यान से पढ़ते। एक रोज़ कुछ लिख रहे थे। उसी समय मैं भी उनके यहाँ जा पहुँचा। बस, उसी रोज़ हिंदी की सेवा के लिए उन्होंने लेखनी उठाई थी। मुझे देखकर बेचारे बहुत झेंपे।

मैंने पूछा, "क्या हो रहा है ?" इतना कहकर मैं बढ़ा उनके कागज़ की ओर, और उनके छिपाने के पहले ही छीन लिया।

लिखा था—

'गद्य-काव्य'

(खास 'क' पत्र के लिए लिखित)

"हे सखि! मैं जो मर रहा हूँ, यह सब तुम्हारी करुणा है। मेरे जीवन की हरी-हरी डालियाँ..."

बस, इतना ही लिख पाए थे। मैंने पूछा, "यह क्या है, गदाधर ?"

उन्होंने कहा, "गद्य-काव्य।"

मैंने पूछा, "तुम्हारे मरने से तुम्हारी सखी की करुणा का क्या संबंध ?"

उन्होंने कहा, "कुछ नहीं।"

मैंने कहा, "तब तो यह जरूर गद्य काव्य है।"

'साहित्य-कला और विरह' पर 'कला के विरह में जोशी-बंधु' लेख लिख जोशी-बंधुओं की विचार-शैली के प्रलाप का प्रतिपादन किया। इस लेख में संबोधन में मेरे शब्द कुछ कटु हो गए हैं, उसके लिए मुझे विशेष दुख है, और इस विचार से नहीं भी कि यह अपराध अपराध के ही उत्तर में मुझे करना पड़ा, अज्ञान के आवेश में नहीं।[1]

जिस समय परमात्मा से मेरा असहयोग चल रहा था मेरे एक मित्र ने आकर

1. साहित्य के विरह में जोशी बन्धु (प्रबन्ध-प्रतिमा)

कहा—"पंडितजी, पल्लव तो प्रकाशित हो गया।[1] कल मैं एक प्रति खरीदकर आपको दूँगा।" अवश्य उस समय पंतजी की मित्रता की बानगी, पल्लव की एक प्रति, उनसे न मिलने के कारण उन्हें मैं 'यन्न व्येति तद्व्ययम्' ही कर रहा था।

दूसरे दिन मित्र ने 'पल्लव' की एक प्रति खरीदकर मुझे दी। आलस्यमयी भावनाओं का जाल समेटकर केंद्रीकृत स्थिर बुद्धि से मैं उसे पढ़ने लगा।

उसके 'विज्ञापन' तथा 'प्रवेश' भाग में पंतजी की सार्वभौमिकता के गज से कविता-कामिनी का शयन-जीर्ण, प्राचीन कंथा नपा हुआ तथा उनकी 'प्रतिभा के बछड़े' के हुत्थे से कवि-समुदाय को पलायन-पंथा पर श्वासावरुद्ध भागता हुआ देखकर बड़ा आनंद आया, जैसे क्षण-मात्र में किसी ने 'पुंगव' को 'पोंगा' कर दिया। एक बार साद्यंत पढ़कर मैं अपने पूर्व भावों पर विचार करने लगा।

जब एक दिन 'पल्लव' के लिए निश्छल सहृदयता का स्रोत हृदय के उभय कूलों को प्लावित कर बहा था, उस समय अवश्य 'पल्लव' के पल्लव में मृत अतीत के साहित्य-महारथियों को डुबाने की पंतजी की चेष्टा पर कभी मुझे विचार करने का अवसर नहीं मिला, न मैं इस तरह का विचार कर ही सकता था। इस तरह की चेष्टा यदि सत्य की दृष्टि से निष्पाप सिद्ध होती, तो विशेष कुछ लिखने या कहने का अवसर न मिलता, उनके पुष्ट प्रमाण उस सत्य की रक्षा करते। केवल पद-समता के कारण मंडूक की तरह साँस फुलाकर हस्तिकाय कहलाने की चेष्टा पंतजी को न करनी थी।

'पल्लव' के 'प्रवेश' भाग में कविता, ब्रज-भाषा, खड़ी बोली, अतीत के कवि, कवित्त, स्वच्छंद छंद, बँगला की कविता, निराला के छंद, शब्दों के रूप-राग, स्वर आदि अनेक विषयों को नवाविष्कृत वैज्ञानिक सत्य की हैसियत से हिंदी के दरिद्र भंडार में लाने की पंतजी ने चेष्टा की। अपनी कविता की कारीगरी की व्याख्या तो उन्होंने येन-केन प्रकारेण अच्छी की...परन्तु इस कारीगरी का साँचा उन्हें कहाँ मिला, किस तरह वह अपने लिए इतने अच्छे कवि हो गए, कविता पर वह राजनीति-क्षेत्र के वर्तमान नेताओं की तरह कोई जन्म-सिद्ध अधिकार रखते हैं या नहीं, इस तरह के आवश्यक विषयों को उन्होंने प्रच्छन्न ही छोड़ रखा।

उन्होंने अपनी शिक्षा पर पर्दा डाला। किसी तरह, कहाँ-कहाँ से, छायाचित्रों को उनकी प्रकृति ने ग्रहण किया है, उन्होंने नहीं लिखा। यह शायद इसलिए कि इससे महत्ता घट जायगी, लोग समादर कम करेंगे। तथापि एक जिज्ञासु दार्शनिक को वह धोखा नहीं दे सके।

स्वच्छंद छंद के प्रवर्तन का लोभ पंतजी संवरण नहीं कर सके। इसकी

1. 1926 ई.

आलोचना (पंत और पल्लव) में मुझे पंतजी का विरोध करना पड़ा। उस स्थल के अप्रिय सत्य के लिए मुझे दुःख है। मैं जानता हूँ—एक मार्जित सुहृद पर मैंने तलवार चलाई। आलोचना लिखने से पहले मेरे बिल्कुल दूसरे विचार थे।

एक बार पंतजी ने मुझे लिखा था—"आप केवल मेरी तारीफ किया करते हैं, मेरे दोषों से मुझे परिचय नहीं कराते।"

उस समय कुछ साधारण दोषों के उल्लेख कर मैंने उन्हें लिखा था—"आपकी कविता से मुझे आनन्द मिलता है, अतएव आनंद को छोड़ निरानंद के विषय को चुनना प्रकृति के ख़िलाफ हो जाता है।"

जिन लोगों को पंतजी की कविता पसंद नहीं आई, जो लोग कई साल तक निराला को गालियाँ देने में ही अपने पत्र की सफलता समझते रहे, उनका बहुत बड़ा दोष नहीं, क्योंकि उनकी आत्मा ने उन्हें जैसी सलाह दी, उन्होंने किया। यों हर एक कृति में विकार रहता है। चाहे वह कालिदास की हो या श्रीहर्ष की, रवींद्रनाथ की हो या कीट्स की अथवा पंतजी की हो या 'निराला' जी की।

दोष दर्शन के लिए कभी किसी को प्रयत्न नहीं करना पड़ता। कृति के सामने आते ही गुण और दोष भी सामने आ जाते हैं। पहले एक बार और पंतजी के संबंध में मैंने 'मतवाला' में लिखा था, उस समय भी उनके दोषों के रूप मेरे सामने आ चुके थे। जब 'भावों की भिड़ंत' में 'भावुक' महाशय ने मेरी चोरियाँ दिखलाई थीं। पंतजी के संबंध में मैंने उनसे कहा था—"यह साहित्य है। यहाँ कमजोरियों का बहुत स्पष्ट उल्लेख मेरे विचार से अनुचित है, उसी तरह कहीं कुछ भलाई करके इनाम की प्रार्थना भी कुछ हास्यपद है।"

बहुत-सी बातों को मुझे दबा रखना पड़ा। 'पल्लव' में मेरी कविता पर ही कुछ लिखने से पहले उचित था कि पंतजी मेरी भी कुछ सलाह ले लेते, जब कि वह मेरे मित्र थे, और इस सलाह से उनके व्यक्तित्व को कुछ नीचा देखना पड़ता, यह तो मैं सोचकर भी नहीं समझ सका। बुद्धि की स्पर्धा में पंतजी ने इकतरफा डिगरी दी। पंतजी जैसे मार्जित मनुष्य से मित्रता का यह निहायत साधारण व्यवहार पूरा न होगा, मुझे आशा न थी। उन्हें कमजोर सिद्ध करने के अपराध में मैं उनसे क्षमा-प्रार्थना करता हूँ। उनके अपराध की गुरुता को मैं सिर्फ इसलिए नहीं सहन कर सका कि प्रतिभा के युद्ध में उन्होंने बेकसूर निराला को मारा, और अपने संबंध में सब कुछ पी गए। यह सब मुझे निहायत असंयत अन्याय के रूप में दिखलाई पड़ा।

पंतजी ने लिखा था, उनके कुछ मित्र मेरी भी आलोचना करना चाहते हैं। मैंने अपनी कविताओं के संबंध में इजहार दिया था कि अच्छा हो, इस कार्य का

भार पंतजी स्वयं उठाने का कष्ट स्वीकार करें।

तीरों को तूर्ण में रखकर अकारण बोझ लिए हुए फिरने से तूर्ण को खाली कर देना अच्छा है। इस विचार से मैं अपने संबंध में चुप रहा। पत्रों के संपादकों और वृद्ध साहित्यिकों की हास्य-क्रूर, वक्र दृष्टि से साहित्य की रक्षा करता रहा। वे लोग तीन पुश्त तक दाँव चुकाने की हिंसा धारण किए हुए थे।

खैर, यहाँ पंतजी की कविता-कामिनी के लाडले भाव-त्रिशंकु को साहित्य के नभोमंडल में गति-रहित निराधार छोड़ रखना मुझे अनुचित प्रतीत हआ।[1]

1. पंतजी और पल्लव

मैं पिता निरर्थक

एक बार मैं अपने चिरंजीव[1] को आम खिलाने के विचार से लिवा आने के लिए ससुराल गया। तब उसकी उम्र 9-10 साल की होगी। सोम या चहर्रुम में पढ़ता था। मेरे यहाँ उसके मनोरंजन की चीज न थी। कोई स्त्री भी न थी, जिसके प्यार से वह बहला रहता।

एक दिन लड़के ने जवाब दिया—"मुझे मामा के यहाँ छोड़ आइए!"

यहाँ डाल के आम खट्टे होते हैं, चोपी होती है, मुँह फदक जाता है, वहाँ पाल के आम आते हैं।"

मैंने चिरंजीव को नाई के साथ भेज दिया।[2]

- गार्हस्थिक संन्यासी हूँ,
  साहित्यिक हूँ, कवि हूँ।
  हमेशा मैं घूमता रहा—
  कल्पना के पुल पर...[3]

कालांतर में सब मुलाक़ात होने पर मुँह फेर लेते थे। मुझसे सारी दुनिया इसी तरह पेश आई या आँख न मिलाती दिखी। यह मेरी प्रतिभा का परिचय था या और कुछ, भगवान् जाने! जैसे रुपए पैदा करने में लाचारी थी, वैसे ही चिरंजीव से मिलने में—

"कोई नहीं पूछता, न पूछे;
भरे रह गए हैं वे, इसलिए
तेरी नजरों में हैं छूछे!"[4]

- खड़ी है दीवाल जड़ की घेरकर
  बोलते हैं लोग ज्यों मुँह फेरकर
  "गहन है यह अंधकारा

---

1. रामकृष्ण त्रिपाठी 2. चतुरीचमार 3. श्रीरामकृष्ण के विवाहोत्सव के निमंत्रण-पत्र का अंश 4. पत्रांश 5. दिवंगत कन्या सरोज

हृदय के अवगुंठनों से हुआ है लुंठन हमारा।।''
धन्ये! मैं पिता निरर्थक था,
कुछ भी तेरे हित कर न सका!
शुचिते! पहनाकर चीनांशुक
रख सका न तुझे अत: दधिमुख।
अस्तु, मैं उपार्जन को अक्षम,
कर नहीं सका पोषण उत्तम।
कुछ दिन को जब तू रही साथ–
अपने गौरव से झुका माथ,
पुत्री भी पिता गेह में स्थिर–
छोड़ने के प्रथम जीर्ण अजिर।
तू सवा साल की जब कोमल,
पहचान रही ज्ञान में चपल;
मा का मुख हो चुंबित क्षण-क्षण
भरती जीवन में नव जीवन;
वह चरित पूर्ण कर गई चली,
तू नानी की गोद जा पली।
मैं दूर स्थित प्रवास से चल,
दो वर्ष बाद होकर उत्सुक
देखने के लिए अपने मुख
या गया हुआ, बैठा बाहर
आँगन में फाटक के भीतर
मोढ़े पर, ले कुंडली हाथ–
अपने जीवन की दीर्घ-गाथ–
आई तू पुतली खिल, खिल, खिल
हँसती, मैं हुआ पुनः चेतन–
सोचता हुआ विवाह-बंधन!
कुंडली दिखा बोला–''ये, लो,
आई तू, दिया, कहा, खेलो!
तू बैठी संचित टुकड़ों पर।
धीरे-धीरे फिर बढ़ा चरण,
बाल्य की केलियों का प्रांगण

कर पार कुंज तारुण्य सुघर।
सासु ने कहा लख एक दिवस—
"भैया, अब नहीं हमारा वश,
पालना-पोसना रहा काम,
देना सरोज को धन्य धाम
शुचि वर के कर कुलीन लखकर
है काम तुम्हारा धर्मोत्तर।
अब कुछ दिन इसे साथ लेकर
अपने घर रहो, ढूँढ़कर वर
जो योग्य तुम्हारे, करो ब्याह।
होंगे सहाय हम सहोत्साह।"
सुनकर, गुनकर चुपचाप रहा,
कुछ भी न कहा—न अहो, न अहा।
ले चला साथ मैं तुझे कनक,
ज्यों भिक्षुक लेकर स्वर्ण-झनक।
अपने जीवन की प्रभा विमल
ले आया निज गृह-छाया-तल।
फिर सोचा—"मेरे पूर्वजगण
गुज़रे जिस राह, वही शोभन
होगा मुझको, यह लोक-रीति
कर दूँ पूरी, गो नहीं भीति
कुछ मुझे तोड़ते गत विचार।"
फिर आई याद—"मुझे सज्जन,
है मिला प्रथम ही विद्वजन
नवयुवक एक, सत्साहित्यिक,[1]
कुल कान्यकुब्ज यह नैमित्तिक,
होगा कोई इंगित अदृश्य,
मेरे हित है हित यही स्पृश्य,
अभिनंदनीय।" बँध गया भाव,
खुल गया हृदय का स्नेह-स्राव,
खत लिखा, बुला भेजा तत्क्षण,

1. शिवशेखर द्विवेदी, इसिया (रायबरेली)

युवक भी मिला प्रफुल्ल, चेतन।
बोला मैं—"मैं हूँ रिक्त-हस्त
इस समय, विवेचन में समस्त—
जो कुछ मेरा अपना धन
पूर्वज से मिला, करूँ अर्पण।
यदि महाजनों को, तो विवाह
कर सकता हूँ, पर नहीं चाह
मेरी ऐसी, दहेज देकर
मैं मूर्ख बनूँ, यह नहीं सुघर,
बारात बुलाकर मिथ्या-व्यय
मैं करूँ, नहीं ऐसा सुसमय।
तुम करो ब्याह, तोड़ता नियम
मैं सामाजिक योग के प्रथम,
लग्न के पढ़ूँगा स्वयं मंत्र,
यदि पंडित जी होंगे स्वतंत्र।
जो कुछ मेरे, वह कन्या का,
निश्चय समझो, कुल धन्या का।
आए पंडितजी, प्रजावर्ग,
आमंत्रित साहित्यिक, ससर्ग
देखा विवाह आमूल नवल,
तुझ पर शुभ पड़ा कलश का जल।
देखा मैंने, वह मूर्ति-धीति,
मेरे बसंत की प्रथम गीति।
हो गया ब्याह,[1] आत्मीय स्वजन
कोई थे नहीं, न आमंत्रण
था भेजा गया, विवाह-राग
भर रहा न घर निशि-दिवस जाग;
प्रिय मौन एक संगीत भरा
नव जीवन के स्वर पर उतरा।
माँ की कुल शिक्षा मैंने दी,
पुष्प-सेज तेरी स्वयं रची,

---

1. 1929

सोचा मन में—“वह शकुंतला
पर पाठ अन्य, यह अन्य कला।”
कुछ दिन रह गृह तू फिर समोद,
बैठी नानी की स्नेह-गोद।
मामा-मामी का रहा प्यार,
भर जलद धरा को ज्यों अपार;
वे ही सुख-दुख में रहे न्यस्त,
तेरे हित सदा समस्त व्यस्त;
वह लता वहीं की, जहाँ कली
तू खिली, स्नेह से हिली, पली,
अंत भी उसी गोद में शरण
ली, मूँदे दृग वर महामरण[1]

---

1. सरोज स्मृति

खंडित कर डाला भाग्य-अंक!

मैं लखनऊ आकर कुछ दिनों बाद घर लौटा। मन में बड़ी उथल-पुथल थी। कन्यादायग्रस्तों की संख्या दिनोंदिन अधिक दिखी। बड़ा गुस्सा आया। ससुराल चला गया।

गर्मियों में प्रायः डेढ़ महीना दलमऊ में रहना पड़ा। ससुराल[1] में श्रीमतीजी की जगह शिशुकर-कृत कपोल-कज्जला[2] सलहज साहबा (बीवी) थीं। पहाड़ जाने की अक्षमता ने ससुराल की ओर मुँह फेरा। कई साल नहीं गया था। फलतः तीसरे दिन लौटने की नौबत नहीं आई।

पहले का कुछ त्याग भी था। ससुरजी आधा हिस्सा अपनी बेटी को दे रहे थे, मैंने नहीं लेने दिया। कहा—"एक तरफ़ बाप का आधा हिस्सा है, दूसरी तरफ़ पूरा मैं; एक लो।" श्रीमतीजी ने मुझे ही पसंद किया। एक कारण और है; मैंने श्रीमतीजी की ख़ाली जगह नहीं भरी, प्रायः बीस साल हुए, इसलिए सासुजी मुझे अपनी बेटी समझती हैं, और सलहज साहबा ननद। इच्छा होने पर बातचीत छेड़ देता था, घूँघट के भीतर से शृंगार-साहित्य के उत्तर बड़े भले मालूम पड़ते थे।

एक दिन मैंने कहा—"महात्माजी पर्दे के खिलाफ़ प्रचार कर रहे हैं, फिर तुम मेरे सामने क्यों घूँघट करती हो ?"

उन्होंने कहा—"यों मेरी इच्छा नहीं है, लेकिन यहाँ के आदमी ऐसे हैं कि कुछ का कुछ सोच लेते हैं।"

मैंने कहा—"तो अपनी आँखें ढँककर दूसरों की आँखों पर पर्दा डालना चाहती हो? रहस्यवाद अच्छा है।"

बड़े आनन्द से रहा। काफ़ी पोइट्री (कविता) मिली। दोनों वक़्त गंगा नहाना, डटकर भोजन करना, एक वक़्त कसरत, फ़ालतू समय सलहज साहबा से ब्रज-भाषा-काव्यालाप। सलहज साहबा छोटी हैं, पद में, यों कई बच्चों की माँ हैं; घूँघट काढ़ती हैं, लेकिन छायावाद लिखते-लिखते मश्क ऐसी बढ़ी है कि झीने घूँघट

1. कुल्लीभाट 2. प्रभावतीः समर्पण

के भीतर उनके सुंदर मुख की छाँह मेरी निगाह में साफ़ रंग, रेखा, भाव और ज्योति लिए प्रतीत होती थी। वह समझती थीं—मैं पर्दे में हूँ। मैं समझता था—मैं मज़े में देख रहा हूँ।

फैज़ाबाद में लेक्चर्स में नहीं गया। कई जगह कवि-सम्मेलन का सभापतित्व था, लिखा—इलाज करा रहा हूँ। कई जगहों से वैवाहिक निमंत्रण आए, लिख दिया—अब विवाह में मैं नहीं जाता, मुझे भावावेश होता है। संपादकों ने रचनाएँ माँगीं, समझा दिया लिखकर, बिहारी का है, किसका है, वह बादवाला टुकड़ा—जगत तपोवनमय कियो।

घर में जैसा आनंद, बाहर भी वैसा ही। सुप्रसिद्ध ज्योतिषी पं. गिरिजादत्तजी त्रिपाठी के यहाँ गीत-वाद्य लगा ही हुआ। देश-भर के गुणी आते-जाते हैं, कभी अच्छन[1] आए, तो कभी नौरंग[2]। बटमार तो रोज़ दो-चार पहुँचते हैं, जिन्हें रास्ता चलते आटा-दाल की ज़रूरत होती है।

ज्योतिषीजी और उनके छोटे भाई वैद्यरत्नजी[3] बड़ी पैनी निगाह के आदमी, साथ ऊँचे दर्जे के सभ्य। देहात में जैसे व्यक्ति अलभ्य कहे जाते हैं। सबकी इज़्ज़त, सबकी प्रशंसा करनेवाले। मेरी शादी पंडितजी के पूज्य पिता ने तय की थी। तब से इस ज्योतिषी-परिवार पर मेरी बड़ी श्रद्धा है। ये लोग मुझे कुल-कमल कहते हैं। सुनने में मुझे बुरा नहीं मालूम देता। प्रायः उनके यहाँ जाया करता था। देर हो जाती थी, तो मंझू महाराज बुला भेजते थे। दो बजे से छः बजे तक ताश होते थे—ब्रिज नहीं, न टुएंटी नाइन, न लिट्रेचर, न ब्लैक कुइन, न स्क्रू—बस सात हाथ। ठंडाई और गंगा-स्नान के बाद कसरत और फिर संगीत। प्रातःकाल गोश्त पकाने में व्यतीत होता था या किसी कवि या विद्वान की किताबी प्रतिभा में।

आनंद का आकर्षण ज़बरदस्त होता है। मैरिस कॉलेज लखनऊ[4] के मृदंगाचार्य पं. सखारामजी रह नहीं सके। दलमऊ आए। मुझे स्नेह करते हैं। चि. रामकृष्ण उनका शिष्य। यद्यपि उसके साथ एक बार आ चुके थे, फिर भी इस बार मेरे मुख से ग्रीष्म की शीर्ण स्वच्छ-तोया, प्रखरा गंगा का माहात्म्य सुना था, लखनऊ में जब मैं था, और साथ-साथ मेरे ससुराल के संबंध में अतिशयोक्ति अलंकार, जिसमें घन-वृक्ष-पत्रच्छायाच्युतरश्मि-लेखा शीत सैकत-सलिला दलमऊ की प्रभात-वेला की वर्णना थी, पर धूल और बालू से धुआँधार गर्मी की दुपहर का ज़िक्र न था। स्वप्न-ज्योत्स्नामयी, विमला, क्षण-कल्प-तरला, पश्चिम-समीर-शीतलारात्रि का वर्णन तो था, पर मच्छड़ों के अविराम भनभनाने और काटते रहने की बात न थी। पं. सखारामजी तीन-चार दिन रहकर चलते समय मुस्कुराते हुए बोले—"वास्तव

1-2. गायक, 3. मंझू महाराज, 4. वर्तमान भातखंडे संगीत महाविद्यालय

में बड़ा आनंद आया।''

एक दिन दोपहर को बेंती चलने की बात हुई, नाव से दलमऊ से पाँच मील पूर्व है। पहले मंझू महाराज से भौन कवि के कवित्त सुन चुका था। यह भी मालूम कर चुका था कि भौन बेंती के था। पहले मेरी स्त्री की एक महराजिन गार्जियन थी, वह बेंती की थी, इसलिए बेंती में कविता विशेष मिली, मैं चलने को राज़ी हो गया।

हम लोग चले। नाव पर पं. गिरिजादत्तजी, मंझू महाराज, मुन्नू बाबू, पं. गिरिजादत्तजी के एक रिश्तेदार और मैं। तरह-तरह की बातें होती रहीं, भौन कवि के संबंध में ख़ासतौर से। पंडितजी बंदूक लिए हुए थे। घड़ियाल देखते जाते थे। एक बड़ा कछुआ किनारे से कूदा। घड़ियाल की माँद खाली थी। अमरूद के बगीचे मिले, जहाँ मैं कई बार जा चुका था। एक रेती पर कुछ चिड़ियाँ बैठी थीं, दरियाई। इच्छा हुई, कहूँ–एक फ़ायर कीजिए, पर रुक गया। पंडितजी मारते हैं, खाते नहीं।

बेंती आई। एक कुत्ता मिला, पागल-पागल-सा। पंडितजी ने बंदूक दिखाई, तो वह दुम हिलाने लगा। गाँव का था। गाँव जाते देखा, तो वह भी साथ हो लिया। जिसके नजदीक आता, वही कसौली सोचकर घबराता, ढेले उठाकर चलाता। न ढेले चलाना छूटा, न कुत्ते का पीछा करना। तब तक याद हो आई, पागल कुत्ता पीछे से काटता है।

बेंती[1] आई। छोटा गाँव, ऊँचे कगार पर बसा है। सामने गंगा, बग़ल से रास्ता। हम लोग बढ़े। कुआँ मिला। घड़े भरे एक स्त्री। पं. गिरिजादत्तजी ने कार्य-सिद्धि का कोई मंत्र पढ़ा। मैंने मन में कहा–''पहले कुत्ता मिला है, तब यह कुछ नहीं बोले! देखा जाय, क्या होता है।''

हम लोग एक कान्यकुब्ज कुलीन श्रीमान के यहाँ गए। पंडितजी ने पूछा नौकरों से, तब वह स्वयं आ गए। बातचीत होने लगी। पंडितजी परिचित थे, हम लोग अपरिचित। परिचय हुआ। पंडितजी ने मेरे लिए कई 'तम' एक वाक्य में जोड़े। कान्यकुब्ज महाशय भी एक 'तम' थे। साम्य की प्रिय भावना से मुझे देखा। फिर बातचीत होने लगी, वैवाहिक। अब मैं वहाँ जाने का कारण समझा।

उठकर मुन्नू बाबू के साथ भौन कवि के भवन देखने चला। उस समय कान्यकुब्ज महाशय-आस्पद, घर, आँक, शिखा-सूत्र न जाने क्या-क्या पूछ-पूछकर लिख रहे थे। देख-दाखकर हम लोग लौटे। फिर सबके साथ नाव की ओर चले।

कुछ दिन बाद मालूम हुआ, भरे घड़े की अपेक्षा कुत्तेवाला प्रभाव बलवान् हुआ।[2]

---

1. गाँव विशेष, 2. मौन कवि (चाबुक)

पढ़ लिखे हुए थे दो विवाह, हँसता था, मन में बड़ी चाह
खंडित करने को भाग्य-अंक। देखा भविष्य के प्रति अशंक।
इससे पहने आत्मीय स्वजन। सस्नेह कह चुके थे जीवन
सुखमय होगा, विवाह कर लो, जो पढ़ी-लिखी हो, सुंदर हो।
आए ऐसे अनेक परिणय। पर बिदा किया मैंने सविनय
सबको, जो अड़े प्रार्थना भर। नयनों में पाने को उत्तर
अनुकूल, जब उन्हें कहा निडर। 'मैं हूँ मंगली' मुड़े सुनकर।
इस बार एक आया विवाह, जो किसी तरह भी हतोत्साह
होने को न था, बड़ी अड़चन, आया मन में भर आकर्षण
उन नयनों का, सासु ने कहा–"वे बड़े भले जन हैं भैया।
एंट्रेस पास है लड़की वह। बोले मुझसे–'छब्बिस ही तो
वर की है उम्र, ठीक ही है। लड़की भी अट्ठारह की है।'
फिर हाथ जोड़ने लगे कहा। 'वे नहीं कर रहे ब्याह अहा।
हैं सुधरे हुए, बड़े सज्जन। अच्छे कवि, अच्छे विद्वज्जन।
हैं बड़े नाम उनके, शिक्षित। लड़की भी रूपवती समुचित;
आपको यही होगा कि कहें। हर तरह उन्हें; वर सुखी रहें,
आएँगे कल' "; दृष्टि थी शिथिल। सोचता हुआ विवाह-बंधन।
कर स्नान शेष, उन्मुक्त केश। सासुजी रहस्य-स्मित सुवेश
आई करने को बातचीत। जो कल होनेवाली अजीत।
संकेत किया मैंने अखिन्न। जिस ओर कुंडली छिन्न-भिन्न।[1]

1. (सरोजस्मृति)

राष्ट्रभाषा

हिंदी राष्ट्र-भाषा है, यह आवाज़ गांधीजी की बुलंद की हुई है, पर अपने नेतृत्व के पक्षपाती गांधी हिंदी के प्रश्न पर स्वयं बदल गए। हिंदी की मुख़ालिफ़त होने के साथ-साथ मैंने वस्तु रूप से आदमी और विषय रूप से उसके मन की जाँच की। गांधीजी का जीवन केवल बाहरी स्वतंत्रता की लड़ाई का जीवन है, लेकिन एक स्वतंत्र साहित्यिक, एक पहुँचा दार्शनिक वस्तु-विषय की बाल की खाल निकाले बगैर नहीं रह सकता। यह उसकी खुसूसियत है। वैसा ही जीवन, जैसा गांधीजी का, महत्त्व की दृष्टि से बढ़कर नहीं, तो घटकर भी नहीं, जिससे आगे और नहीं या जिससे ज़्यादा और बन नहीं पड़ता।...खैर, हमारा मतलब महान् गांधीजी की भाषा-संबंधी राजनीति से है, जिन्होंने हिंदी के द्वारा हिंदी-भाषी पंद्रह करोड़ जनता की भावना-जन्य स्वतंत्रता बात-की-बात में मार दी।

गांधीजी 1935-36 में हिंदी-साहित्य-सम्मेलन के फिर सभापति होते हैं। गांधीजी के दोनों आंदोलन हो चुकते हैं, और वह देश और विश्व के सामने अपनी पूरी महत्ता से प्रकट हो जाते हैं। इंदौर में इस बार रुपए के मामले में गांधीजी से जो भाव-ताव हुआ था और जो परिणाम, उसका उल्लेख अनावश्यक है।

यहाँ उन्होंने हिंदी के साथ हिंदुस्तानी—एक लफ़्ज और जोड़ा था, यह ध्यान देने की बात है। जब भी महात्मा गांधी ख़िलाफ़त-आन्दोलन में मुसलमानों का साथ दे चुके थे, और हिंदी की सीधी खिचड़ी-शैली के ही पक्षपाती थे—यह काम आचार्य महावीरप्रसाद द्विवेदी उनसे बहुत पहले कर चुके थे—फिर भी इंदौर वाली हिंदुस्तानी में साधारण मज़ाक नहीं रहा। मैं समझता हूँ, नेता हिंदुओं का नेता तो बन ही चुका था, मुसलमानों का भी बनना था। भूषण का आंदोलन भी कुछ अर्थ रखता है। यहीं, इंदौर में, महात्माजी ने एक आवाज़ मारी—"कौन है हिंदी में रवीन्द्रनाथ ठाकुर, जगदीशचंद्र वसु, प्रफुल्लचंद्र राय ?"

इस आवाज़ पर हिंदी के पत्रों ने आवाज़कशी की। इत्तिफ़ाक, लखनऊ-कांग्रेस शुरू हुई। महात्माजी आए। हिंदी-साहित्य-सम्मेलन के संग्रहालय का उद्घाटन था,

महात्माजी दारवाज़ा खोलने के लिए बुलाए गए। उस वक्त उन्होंने फिर वैसी ही एक आवाज़ लगाई।

हर आवाज़ का अच्छा मतलब भी हासिल होता है, निकाल लेते हैं, लेकिन व्यवहार में भी अगर आवाज़कशी हुई, तो सँभले-से-सँभला आदमी भी नहीं सँभल सकता। चूँकि महात्माजी लखनऊ में टिके हुए थे, इसलिए पता लगाना लाज़िमी हो गया, उन्होंने यह आवाज़ लगाई या आवाज़कशी की।

तबियत में आया, महात्माजी से बातचीत की जाय, 'हिंदी में कौन है रवींद्रनाथ' कहकर महात्माजी क्यों रह-रहकर चौंक उठते हैं; लेकिन मेरे लिए उस वक्त महात्माजी रहस्यवाद के विषय हो गए, कहीं खोजे ही नहीं मिले।

उनके कुछ भक्तों ने कहा, पता बताना मना है, लोग महात्माजी को परेशान करते हैं। कांग्रेस-आफिस में पूछने पर मालूम हुआ, उधर कहीं गोमती-पार रहते हैं। इतना विशद पता प्राप्त कर, गोमती के पुल के किनारे आकर खड़ा बाट जोह रहा था कि बापू की बकरी ताँगे पर बैठाए एक आदमी लिए जा रहा था, और कुछ लखनउए लड़के ठहाका मार रहे थे। उनकी बातचीत से मुझे मालूम हुआ कि यह बापू की बकरी जा रही है। मैं समझ गया, इसी रास्ते पर आगे कहीं ठहरे हैं। घर लौटा और कपड़े बदले, फिर बापू के दर्शन के लिए एक्का करके चला। युनिवर्सिटी के आगे जाते हुए रास्ते के दाईं ओर एक बँगले में महात्माजी ठहरे थे। दिन, आठ का समय। जब गया, तब एक कमरे में गांधीजी जवाहरलालजी और राजेंद्रप्रसादजी आदि से बातें कर रहे थे, मालूम हुआ।

दरवाज़े पर एक स्वयंसेवक पहरा दे रहा था। मैं बापू से मिलना चाहता हूँ, सुनकर पहले उसी ने फ़ैसला दे दिया—"मुलाकात नहीं होगी।"

यद्यपि सिपाही से मज़ाक करना नियम नहीं, फिर भी मज़ाक का बदला चुकाने में कोई दोष भी नहीं, सोचकर मैंने पूछा—"क्या आप महात्माजी के सिकत्तर हैं या पर्सनल असिस्टेंट?"

स्वयंसेवक झेंपा और अपनी झेंप मिटाने के लिए एक मर्तबा भीतर चला गया।

मैंने एक चिट्ठी दी थी, वह उसने पहले ही वापस कर दी थी। दुबारा आने पर मैंने वह चिट्ठी फिर दिखाई, और कहा—"इतना तो आप पढ़े ही होंगे कि यह चिट्ठी किनके नाम है, उनके पास पहुँचा दें।"

चिट्ठी में मिलने की इच्छा ज़ाहिर करते हुए वक़्त पूछा गया था। स्वयंसेवक चिट्ठी भीतर रखकर क्षण-भर में लौटा और कहा—"शाम को आइए। महात्माजी के सेक्रेटरी महादेवजी देसाई की आज्ञा है।"

मेरे घर में कई कांग्रेस-दर्शक टिके थे। मैं महात्माजी के दर्शनों के लिए, उनसे बातचीत करने के लिए शाम को जा रहा हूँ, सुनकर उनमें दो साथ होने को हुए—पं. वाचस्पतिजी पाठक और कुँअर चंद्रप्रकाशसिंह।

शाम को इन लोगों के साथ मैं चला। जब पहुँचा, तब स्त्रियों और पुरुषों का एक बड़ा दल इकट्ठा था। कुछ भीतर टहल रहे थे, कुछ रास्ते के दोनों बगल की कम ऊँची दीवारों पर बैठे थे। मालूम हुआ, यह शाम की प्रार्थना में शरीक होने के लिए आए हैं।

किसी से परिचय न था। बिना परिचय के प्रवेश में सब जगह अड़चन पड़ती है। इसी समय शीतलासहाय (हिंदी के सुप्रसिद्ध निबंध-लेखक) बँगले से बाहर निकले। इन्होंने मुझसे आने का कारण पूछा। मैंने बतलाया। इन्होंने कहा—"महात्माजी आजकल किसी से मिलते नहीं।"

मैंने कहा—"सुबह मैंने बहुतों से बातचीत करते देखा है।"

इन्होंने कहा—"वे बड़े-बड़े नेता हैं, उनसे सलाह लेने आते हैं।"

मैंने कहा—"ये जितने बड़े नेता हैं, मैं उनसे बड़ा साहित्यिक हूँ, और हिंदी-साहित्य-सम्मेलन के सभापति को मुझसे मिलने में किसी तरह का संकोच न होना चाहिए।"

बाबू शीतलासहाय बहुत खुश हुए। बोले—"अभी ज़रा देर बाद महात्माजी बाहर प्रार्थना के लिए निकलेंगे, उस वक़्त आप आइएगा, मैं भी हूँ, देसाईजी से आपको मिला दूँगा। अगर आज मुलाक़ात नहीं होगी, तो समय निर्धारित हो जायगा।"

मैं बाहर आई.टी. कॉलेज[1] की तरफ़ पं. वाचस्पति पाठक और कुँअर चंद्रप्रकाश सिंह के साथ, टहलता हुआ निकल गया। रास्ते में सम्मिलित प्रार्थनार्थी कई जोड़े तपाक से बढ़ते हुए दिखे। मुझे खद्दर के वेश में देखकर उद्वेग से पूछा—"क्या प्रार्थना समाप्त हो गई ?"

मैंने कहा—"नहीं।"

वे और तेज कदम बढ़े।

धीमे तिताले टहलता हआ दोनों साहित्यिक मित्रों के साथ मैं आया कि प्रार्थनार्थियों की पल्टन ध्यानावस्थित तद्गतेन मनसा बैठी हुई देख पड़ी।...मैं बैठना ही चाहता था कि एक महाशय ने जल्दबाजी करते हुए मुझे एक धक्का-सा देकर वह जगह छीन ली। वह कोई कांग्रेसी थे। मेरी इच्छा हुई कि कलाई पकड़कर घसीटूँ, लेकिन महात्माजी आ गए थे, मैंने शांति-भंग करना उचित नहीं समझा!

हम लोगों की तरफ से पं. वाचस्पति पाठक एक अच्छी जगह डटकर बैठे

1. लखनऊ की एक शिक्षा संस्था

थे। मैं जमीन पर बैठा। अधिक-से-अधिक पाँच मिनट वक्त लगा होगा, प्रार्थना समाप्त हो गई। महात्माजी उठे और भीतर चले गए।

एक तो दुर्भाग्य से उस समय तक मैंने देसाईजी को देखा नहीं था, दूसरे मुँह-अँधेरे मुझे मालूम दे रहा था, यह आर.एस. पंडित हैं, तब भी शंका होती थी कि यह उनसे ज्यादा तगड़े हैं। इसी समय बाबू शीतलासहाय आए। मैंने गर्जमंद की आवाज़ में उनसे कहा—"मैं देसाईजी को पहचानता नहीं, आप मिला दीजिए।"

शीतलासहायजी मुझे देसाईजी के पास ले चले, और कुछ शब्दों में उनसे मेरी तारीफ़ की, जैसा कि कहते हैं—ये बड़े होनहार हैं। इसी समय श्रीमती कस्तूरी बाई उधर से गुज़रीं। मैं खड़ा था। उनका सिर मेरी कमर के कुछ ही ऊपर था, लेकिन भक्ति-भाव से हाथ जोड़कर मैंने उन्हें प्रणाम किया।

देसाईजी से बातें होने लगीं। देसाईजी को यह मालूम होने पर कि मैं सुबह आया था, एक चिट्ठी दी थी, और स्वयंसेवक के कथनानुसार देसाईजी ने शाम को मुझे आने की आज्ञा दी है, देसाई जी को बड़ा आश्चर्य हुआ।

उन्होंने कहा—"न मुझे आपकी कोई चिट्ठी मिली है, और न मैंने आपको आने को कहा है।" इसके बाद उन्होंने पूछा—"आप महात्मा जी से क्यों मिलना चाहते हैं ?"

मैंने कहा—"मैं राजनीतिक महात्माजी से नहीं मिलना चाहता, मैं तो हिंदी-साहित्य के सभापति गांधीजी से मिलना चाहता हूँ।"

इससे बातचीत का विषय स्पष्ट हो गया। देसाईजी एक शिष्ट, सभ्य, शिक्षित मनुष्य की तरह मुझे बँगले के भीतर प्रतीक्षा करने के लिए कहकर महात्माजी के कमरे की तरफ़ गए।

मैं बँगले के बीचवाले कमरे में एक कोच पर बैठा प्रतीक्षा कर रहा था। तब मेरे बाल बड़े-बड़े थे, कवि की वेश-भूषा। नौजवान और नवयुवतियाँ मुझे सहर्ष देख-देख जाने लगीं। वायुमंडल, मनोमंडल, वदनमंडल और भावमंडल मुझे बड़ा अच्छा लगा। महात्माजी की लोगों पर, युवक-युवतियों पर जो छाप थी, उसकी ह्लादिनी शक्ति ज्ञात हो गई।

महादेवजी देसाई आए और कहा—"महात्माजी आपसे मिलेंगे, बीस मिनट आपको वक्त दिया है, जाइए।"

मैं भीतर चला, मेरे साथ पं. वाचस्पति पाठक और कुँ. चंद्रप्रकाश। उत्तर तरफ़ के कमरे में महात्माजी थे, पास बाबू शिवप्रसादजी गुप्त, उनके सेक्रेटरी हास्य-रस के प्रसिद्ध लेखक अन्नपूर्णानंदजी मंगलाप्रसाद-पारितोषिक-प्रदाता स्व. बाबू मंगलाप्रसादजी के लड़के थे। उस समय तक व्यक्तिगत रूप से केवल बाबू शिवप्रसादजी को जानता

था। महात्माजी सूक्ष्म मन के तार से इन लोगों से मिले, आगंतुक के लिए कुछ अपने में खिंचे, तैयार होते हुए-से दिखे।

कमरे के भीतर जाने के साथ मेरी निगाह महात्माजी की आँखों पर पड़ी। देखा, पुतलियों में बड़ी चालाकी है। हर्डल रेस, कुश्ती और फुटबाल से मेरे दोनों पैरों में गहरी चोटें आ चुकी हैं, इसलिए एकाएक घुटने मोड़कर भूमिष्ठ प्रणाम नहीं कर सकता, फिर उन दिनों से अब तक बाएँ पैर में वात या सायटिका। मैंने खड़े-ही-खड़े महात्माजी को हाथ जोड़कर प्रणाम किया।

प्रणाम संबंध में मेरे साथियों ने मेरा अनुसरण किया। प्रणाम कर मैं महात्माजी के सामने बैठ गया। मेरे साथी भी बैठे। महात्माजी ने मेरे बैठ जाने पर, उसी तरह हाथ जोड़कर मुझे प्रतिनमस्कार किया। आँखों में दिव्यता, जो बड़े आदमी में ही दिखती है—बड़े धार्मिक आदमी में, लेकिन दृष्टि आधी बाहर दुनिया को दी हुई जैसे, आधी भीतर—अपनी समझ की नाप के लिए। मेरा पहनावा विशुद्ध बंगाली, पंजाबी कुर्ता, धोती कोंछीदार, ऊपर से चद्दर खद्दर की।

महात्माजी ने पूछा—"आप किस प्रांत के रहनेवाले हैं ?"

इस प्रश्न का गूढ़ संबंध बहुत दूर तक आदमी को ले जाता है। यहाँ नेता, राजनीति और प्रांतीयता की मनोवैज्ञानिक बातें रहने देता हूँ, केवल इतना ही बहुत है, हिंदी का कवि, हिंदी-विरोधी बंगाली की वेश-भूषा में क्यों ?

मैंने जवाब दिया—"जी, मैं यहीं उन्नाव-जिले का रहने वाला हूँ।"

महात्माजी पर ताज्जुब की रेखाएँ देखकर मैंने कहा—"मैं बंगाल में पैदा हुआ हूँ और बहुत दिन रह चुका हूँ।"

महात्माजी की शंका को पूरा समाधान मिला। वह स्थितप्रज्ञ हुए, लेकिन चुप रहे; क्योंकि बातचीत मुझे करनी थी, प्रश्न मेरी तरफ़ से उठना था।

मैंने कहा—"आप जानते हैं, हिंदीवाले अधिकांश में रूढ़िग्रस्त हैं। वे जड़ रूप ही समझते हैं, तत्त्व नहीं। जो कथाएँ पुराणों मे आई हैं, उनके स्थूल रूप में सूक्ष्मतम तत्त्व भी हैं। संपादक और साहित्यिक भी, अधिक संख्या में, इनमें अज्ञ हैं। वे समझने की कोशिश भी नहीं करते, उल्टे मुखालिफत करते हैं। हम लोगों के भाव इसीलिए प्रचलित नहीं हो पाए। देश की स्वतंत्रता के लिए पहले समझ की स्वतंत्रता ज़रूरी है। मैं आपसे निवेदन करने आया हूँ कि आप हिंदी की इन चीज़ों का कुछ हिस्सा सुनें।"

महात्माजी—"मैं गुजराती बोलता हूँ, लेकिन गुजराती का साहित्य भी बहुत कुछ मेरी समझ में नहीं आता।"

"मैंने गीता पर लिखी आपकी टीका देखी है। आप गहरे जाते हैं और दूर

की पकड़ आपको मालूम है, आपने उसमें समझाने की कोशिश की है।''

महात्माजी—''मैं बहुत उथला आदमी हूँ।''

मैं—''हम लोग उथले में रहे हुए को गहरे में रहा हुआ साबित करने की ताकत रखते हैं।''

महात्मा चुप रहे।

मैंने कहा—''आपके सभापति के अभिभाषण में हिंदी के साहित्य और साहित्यिकों के संबंध में, जहाँ तक मुझे स्मरण है, आपने एकाधिक बार पं. बनारसीदास चदुर्वेदी का नाम सिर्फ़ लिया है। इसका हिंदी के साहित्यिकों पर कैसा प्रभाव पड़ेगा, क्या आपने सोचा था ?''

महात्माजी—''मैं तो हिंदी कुछ भी नहीं जानता।''

मैं—''तो आपको क्या अधिकार है कि आप कहें कि हिंदी में रवींद्रनाथ ठाकुर कौन हैं ?''

महात्माजी—''मेरे कहने का मतलब कुछ और था।''

मैं—''यानी आप रवींद्रनाथ का जैसा साहित्यिक हिंदी में नहीं देखना चाहते, प्रिंस द्वारकानाथ ठाकुर का नाती या नोबुल पुरस्कार प्राप्त मनुष्य देखना चाहते हैं, यह?''

कुल सभा सन्न हो गई। लोग ताज्जुब से मेरी तरफ देखने लगे। कुँ. चंद्रप्रकाश से पहले मैं कह चुका था कि महात्माजी की बातें लिख लें, लेकिन तब इस समय तक तन्मय होकर केवल सुन रहे थे। मैंने उनकी तरफ देखा, तो वह समझकर लिखने लगे। साथ ही महादेव देसाई के हाथ में जैसे बिजली की बैटरी लगा दी गई, वह भी झपाटे से लिखने लगे। बाबू शिवप्रसाद गुप्त का दल जैसे दलदल में फँस गया हो। शिवप्रसादजी हैरान होकर मुझे देख लेते थे। उनके सेक्रेटरी बाबू अन्नपूर्णानंद मुझे देख-देखकर जैसे बहुत परेशान हो रहे हों।

मैंने स्वस्थ-चित्त हो महात्माजी से कहा—''बँगला मेरी वैसी ही मातृभाषा है, जैसी हिंदी। रवींद्रनाथ का पूरा साहित्य मैंने पढ़ा है। मैं आपसे आधा घंटा समय चाहता हूँ। कुछ चीज़ें चुनी हुई रवींद्रनाथ की सुनाऊँगा, उनकी कला का विवेचन करूँगा, साथ कुछ हिंदी की चीज़ें सुनाऊँगा।''

महात्माजी—''मेरे पास समय नहीं है।''

मैं हैरान होकर हिंदी-साहित्य-सम्मेलन के सभापति को देखता रहा, जो राजनीतिक रूप से देश के नेताओं को रास्ता बतलाता है, बेमतलब पहरों तकली चलाता है, प्रार्थना में मुर्दे गाने सुनता है, हिंदी-साहित्य-सम्मेलन का सभापति है, लेकिन हिंदी के कवि को आधा घंटा वक्त नहीं देता—अपरिणामदर्शी की तरह जो जी में

आता है, खुली सभा में कह जाता है सामने बगलें झाँकता है!

मैंने अपना उल्लिखित मनोभाव दबा लिया। नम्र होकर कहा—"महात्माजी, मेरी चीज़ों की आम जनता में कद्र नहीं हुई। इसकी वजह है। आप अगर कुछ सुन लेते, तो मुमकिन, अच्छा होता।"

महात्माजी—"आप अपनी किताबें मेरे पास भेज दीजिएगा।"

जैसे किसी ने चाँटा मारा। अब किसी की आलोचना से, किसी की तारीफ से आगे आने की अपेक्षा मुझे नहीं रही। मैं खुद तमाम मुश्किलों को झेलता हुआ, अड़चनों को पार करता हुआ, सामने आ चुका हूँ।

मैंने मजाक में कहा—"आप अपने यहाँ के हिंदी के जानकारों के नाम बतलाइए, जो मेरी किताबों पर राय देंगे। आपको हिंदी अच्छी नहीं आती, आप कह ही चुके हैं।" कहकर मैं हँसा।

महात्माजी भी खूब खुलकर हँसे।

मैंने कहा—"एक हैं पं. बनारसीदास चतुर्वेदी, विशाल भारत के संपादक, पत्र के साथ जिनका नाम शायद आपने दो बार लिया है। यह कुछ दिन रहे हैं आपके पास और कुछ दिन रवींद्रनाथ के यहाँ। विशाल भारत के संपादक के लिए यही उनकी सबसे बड़ी योग्यता ठहरी!"

महात्मा गांधी—"हाँ।"

मैं—"अगर मैं भूलता नहीं तो, कवि श्री मैथिलीशरणजी गुप्त के 'साकेत' की भाषा को आपने मुश्किल कहा।"

महात्माजी—"हाँ।"

मैं—"फिर मेरे 'तुलसीदास' की भाषा का क्या हाल होगा ?"

महात्माजी कुछ दुचित्ते-से हुए। तुलसीदास के नाम पर मुमकिन, भ्रम हुआ हो, मैं तुलसीदास की भाषा का जिक्र कर रहा हूँ।

अब तक बीस मिनट पूरे हो चुके थे। महात्माजी मौन हो गए। मैंने कहा—"महात्माजी, अगर वक्त हो गया हो, तो मैं प्रणाम कर विदा होऊँ ?"

महात्माजी ने कहा—"हाँ, मैं तो पहले ही कह चुका हूँ।"

उठकर, मैंने हाथ जोड़कर प्रणाम किया, और शिवप्रसादजी से फिर दर्शन करने के लिए कहकर बाहर निकला।

घर आने पर महात्माजी की रायवाली बात पर मुझे एक लोकोक्ति याद आई। सोचा, इस लोकोक्ति से महात्माजी को पत्र लिखूँ। लोकोक्ति यह है—

किसी महाजन के एक घोड़ा था। वह उसकी बड़ी देख-भाल रखते थे। एक दिन उनके किसी पड़ोसी को कहीं जाना था। वह महाजन के यहाँ गए, और

कहा—"सवारी के लिए मुझे आप अपना घोड़ा दे दीजिए।"

महाजन ने कहा—"घोड़ा नहीं है।"

पड़ोसी को विश्वास न हुआ। वह वहीं खड़े रहे। कुछ देर बाद घोड़ा हिनहिनाया। पड़ोसी ने कहा—"आप कहते थे, घोड़ा नहीं है, घोड़ा तो है।"

महाजन ने कहा—"तुम हमारी आवाज नहीं समझे, घोड़े की आवाज समझे।"

पत्र में मैं इतना और लिखता—"महात्माजी, मैं आप ही की आवाज पहचान गया। किताब भेजकर आपके घोड़े की आवाज़ नहीं पहचानना चाहता।"

कवि सियारामशरणजी को अपने पत्र का मजबून सुनाया, तो उन्होंने कहा—"महात्माजी का स्वास्थ्य आजकल अच्छा नहीं है, आप ऐसा न लिखें।"[1]

●

एक बार कलकत्ता-विद्यासागर-कॉलेज से न्योता मिला। चीफ़ गेस्ट की हैसियत से बुलाया। कलकत्ता मुझे प्रिय है, जो भी वजह हो; विद्यासागर-कॉलेज और भी प्रिय। इसके विद्यार्थी जो उन दिनों मेरे बाजू बचानेवाले थे, अब बड़े-बूढ़े हो चले होंगे, तरह-तरह की झंझटों में फँसे हुए या एक के बाद दूसरा सब्ज़बाग़ खिलाते हुए मेरे पास काफ़ी आ चुके। जिन विद्यार्थियों ने मुझे बुलाया, उनमें मैंने पुराने विद्यार्थी के मुँह देखे, और मुझ पर भी एक पानी बीती जवानी का जैसे चढ़ आया। जवानी से प्यारी दूसरी चीज़ मैं नहीं समझ पाया। प्रौढ़ता में भी उसी का दौरा रह-रहकर रंग चढ़ा जाता है।

देहरा एक्सप्रेस से रवाना हुआ, लखनऊ-स्टेशन से। इंटर का टिकट। जाड़े के दिन। पंजाबी कुर्ते पर पूरी बाँहवाली रुई की बंडी पहने हुए। जगह की तलाश में डिब्बे देख रहा था कि एक साथ लखनऊ के परिचित बहुत से एम.एल.ए. देख पड़े। मैंने सोचा, कोई आ-जा रहे होंगे। ज्यादा ध्यान नहीं दिया। एक कमरा खाली देखकर उसमें बैठा। गाड़ी चल दी।

बाराबंकी पार कर फैज़ाबाद की हद में गाड़ी पहुँची, तो किसी स्टेशन पर तिरंगा झंडा लिए झुंड-के-झुंड गंवैए लोग 'महात्मा गांधी की जय', 'जवाहरलाल नेहरू की जय' बोलते हुए, एक खास डिब्बे की तरफ फूल फेंकते, माला पहनाते हुए नजर आए। मैं समझा, कोई बड़े नेता इस गाड़ी से जा रहे हैं। फ़ैज़ाबाद स्टेशन पर भी ऐसी ही भीड़ थी। उतरकर मैंने देखा, एक ड्योढ़े दर्जे के दरवाजे पर पंडित जवाहरलाल नेहरू खड़े हुए हैं, और स्टेशन और गाड़ी की छत पर आते-जाते हुए बंदरों को देख रहे हैं। गाड़ी की छत पर बैठे बंदरों के बारे में उन्होंने पूछा—"क्या ये इसी तरह यहाँ से अयोध्या तक जाते हैं ?"

1. गाँधीजी से बातचीत (प्रबन्ध प्रतिमा)

बंदरों वाली बात का व्यंग्य मुझे बड़ा अच्छा लगा। देखा, जवाहरलालजी ड्योढ़े दर्जे में ही थे। मैंने जवाहरलाल जी से कभी बातचीत नहीं की। उनके ऐसे प्रसंग हिंदी-साहित्य के बारे में बहुत-से उठे हैं, जिनके लिए अखबारों में लिखा-पढ़ी या मिलकर उनसे बातचीत की जाय, लेकिन चुप रहकर जो कुछ लिखते बने, लिखना ज्यादा अच्छा लगा। इस वक्त लोभ न सँभाला गया। मैं डिब्बे के भीतर चला। पंडितजी जरा बगल हो गए। फिर उसी तरह दरवाजे पर खड़े हो गए गाड़ी छूटने तक स्वागत के लिए सम्मान में खड़े रहने के इरादे से, उन्हें बिदा करने के लिए।

भीतर कमरे में आर.एस. पंडित महाशय थे, चढ़े फूलों से खेलते हुए। एक और सज्जन गंभीर भाव से बैठे थे। मुमकिन, पंडितजी के सिकत्तर रहे हों। मैं एक बर्थ पर एक बगल बैठ गया। वह पूरी खाली थी। गाड़ी छूटने पर नमस्कार करते हुए लोगों को नमस्कार करते हुए विदा कर पंडित जवाहरलालजी उसी बर्थ पर आकर बैठे। एक मिनट तक वह मुझे देखते रहे। मैं चुपचाप बैठा रहा। मेरे सिर पर एक टोप था, जिसे मंकी-कैप कहते हैं। बचपन में ऐसे पहनावे से मुझे भी हँसी आती थी। मुझे मोहम्मद साहब की बात याद आई—"पहाड़ मेरे पास नहीं आता, तो मैं पहाड़ के पास जाऊँगा!"

पंडितजी की तरफ मुँह करके मैंने कहा—"आपसे कुछ बातें करने की गरज से अपनी जगह से यहाँ आया हुआ हूँ।"

पंडितजी ने सिर्फ मेरी तरफ देखा। मुझे मालूम दिया, निगाह में प्रश्न है—"तुम कौन हो ?" मालूम कर, अखबारों में और हिंदी के इतिहासों में आई तारीफ का उल्लेख नाम के साथ करते हुए मैंने कहा—"यह सिर्फ थोड़ी-सी जानकारी के लिए कह रहा हूँ। प्रसिद्धि के विचार से आप खुद समझेंगे कि मैं जानता हूँ, मैं किनसे बातें कर रहा हूँ।"

पंडितजी मेरी बात से जैसे बहुत खुश हुए। मैंने कहा—"इधर हिंदुस्तानी के संबंध में आपके विचार देखकर आपसे बातें करने की इच्छा हुई। आप उच्च शिक्षित हैं। हर तरह की शिक्षा की परिणति उच्चता है, न कि साधारणता। आपका देशव्यापी और विश्वव्यापी बड़प्पन भी उच्चता ही है।

भाषा-जन्य बहुत-सी कठिनाइयाँ सामने हैं, जो हिंदुस्तानी जबान को मद्देनजर रखते हुए दूर नहीं की जा सकतीं। भाषा जब साहित्य का रूप पाती है, तब वह दोनों को लिए हुए चलती है। आप अधिकांश जनों को खुश करने के लिए हिंदुस्तानी जबान का प्रचार करें, यह और बात है, लेकिन भाषागत और भावगत चारुता के उदाहरण उपस्थित करते हुए उनका हिंदुस्तानी रूप कैसा होगा, अगर आपसे पूछा जाय, तो क्या आप बता सकेंगे ?"

पंडितजी देखते रहे।

मैंने अपना भाव और सीधे शब्दों में स्पष्ट किया–''मैं हिंदी के कुछ वाक्य आपको दूँगा, जिनका अनुवाद आप हिंदुस्तानी जबान में कर देंगे, मैं आपसे प्रार्थना करता हूँ। इस वक्त आपको समय नहीं''–पंडितजी युक्त प्रांतीय राजनीतिक सम्मेलन का सभापतित्व करने जा रहे थे, अगला स्टेशन अयोध्या-स्टेशन था–''अगर इलाहाबाद में आप मुझे आज्ञा करें, तो किसी वक्त मिलकर मैं आपसे उन पंक्तियों के अनुवाद के लिए निवेदन करूँ।''

पंडिती बहुत उलझे हैं, उन्हें फुरसत नहीं, कुछ ऐसा भाव संकोच के साथ जाहिर करने लगे। मुझे हँसी आ गई। मुस्कुराते हुए मैंने कहा–''पंडितजी, हम लोगों ने भी कुछ विचार लड़ाए हैं हिंदुस्तानी की कामयाबी के बारे में, और इस सिद्धान्त पर पहुँचे हैं कि जीवन के साधारण महकमे तक ही उसकी पहुँच है। मैं राजनीति की बातें नहीं करता, साहित्य की बातें करता हूँ। राजनीति में भी, बिना अंगरेजी, संस्कृत, अरबी या फारसी के सहारे के, वह लंगड़ी होगी।''

जवाहरलालजी गंभीर सारल्य से मेरी ओर देखने लगे। उनका बोलने का इरादा नहीं समझकर मैंने सोचा, दूसरा प्रसंग छेड़ूँ। कहा–''हमारा समाज भी तैयार नहीं।'' कहने के साथ समाजवादी पं. जवाहरलाल ने जरा गरदन ऊँची की। मैं कहता गया–''जिस समाज में हमारा जन-समूह है, वह पुराना समाज है, पुरानी रूढ़ियों का गुलाम। नए विचार, नए परिवर्तन, नया उत्कर्ष जब तक नहीं होता, अच्छे नाटक और उपन्यास लिखे नहीं जा सकेंगे।''

''क्यों-क्यों ?'' अपनी स्वाभाविक तेजी से पंडितजी ने कहा–''रूस...रूस में कैसे हुआ ?''

मैं सोचने लगा–''पंडितजी के मुताल्लिक मेरी पहली धारणा सही है।'' मुझे विचार करता देख पंडितजी ने सोचा, मैं शंकित हूँ उनके निश्चय पर। बोले–''आज का रूस नहीं, पहले का।''

मैंने कहा–''जी हाँ, मैं समझा, आपका मतलब पुश्किन से टॉलस्टॉय तक है–प्रोग्रेसिव रूस से।''

पंडितजी ने कहा–''हाँ।''

मैंने पंडितजी को देखते हुए कहा–''लेकिन क्या हिंदुस्तान की दशा वैसी ही समझते हैं ? संस्कृति, हिंदू-मुस्लिम-मनोवृत्तियाँ क्या वैसे ही वर्ग-युद्ध से दुरुस्त होंगी।''

आर.एस. पंडित मेरी बात से बढ़े। मैंने कहा–''यहाँ के ऐतिहासिक विवर्तन देखने पर मालूम देता है, यहाँ के मन की दूसरी परिस्थिति है। यहाँ सुधार ज्ञान

से हुआ है। एक हिंदू-मुस्लिम समस्या को ही लीजिए। मैं समझता हूँ, इसका हल हिंदी के नए साहित्य में जितना सही पाया जायगा, राजनीतिक साहित्य में नहीं। इसका कारण है, राजनीति प्रभावित है पश्चिम से; साहित्य मौलिकता से पनपा है। ब्रह्म...''

पंडितजी—''ब्रह्म क्या?''

''ब्रह्म शब्द से नफरत की कोई बात नहीं हो सकती। ब्रह्म का मतलब सिर्फ बड़ा है, जिससे बड़ा और नहीं। किसी को ब्रह्म देखने के अर्थ हैं, उसके भौतिक रूप में ही नहीं—सूक्ष्मतम आध्यात्मिक, दार्शनिक, बृहत्तर रूप में भी देखनेवाले की दृष्टि प्रसारित है। पंडितजी, मैं अगर आपको ब्रह्म देखूँ, तो आप मेरी दृष्टि में बड़े होंगे या बहत्तर दफ़ा नेशनल कांग्रेस प्रिजाइड करने पर ?''

पंडितजी चुप। आर.एस. पंडित गौर से मुझे देखते हुए।

मैं कहता गया—''यही दृष्टि जरूरी है। यही दृष्टि पतित का सार्वभौम सुधार कर सकती है। गुलाम की बेड़ियाँ काट सकती है। हिंदू-मुस्लिम को मिला सकती है...यह निगाह आज तक की तमाम रूढ़ियों से जुदा है। इस निगाह में भिन्न मतों का लगा जंक नहीं—जो जंक इधर लगा है, जो मत इधर चले हैं, यह निगाह पूरब और पच्छिम को अच्छी तरह पहचानती; यह निगाह ब्राह्मण और शूद्र नहीं मानती।''

पंडितजी केवल देखते रहे। मुझे एकाएक उनकी आत्मकथा की याद आई। साथ ही उसका वह अंश, जिसे लेकर कुछ साल पहले हिंदी में लिखा-पढ़ी हो चुकी थी, यानी 'प्रसाद' जी, प्रेमचंदजी, शुक्ल वगैरा काशी के सुप्रसिद्ध साहित्यिकों ने काशी में पंडितजी को बुलाकर सम्मानित किया था। उस अवसर पर पंडितजी ने कहा था—''हिंदी में दरबारी ढंग की कविता प्रचलित है।''

मैंने कहा—''पंडितजी, यह मामूली अफसोस की बात नहीं कि आप जैसे सुप्रसिद्ध व्यक्ति इस प्रांत में होते हुए भी, इस प्रांत की मुख्य भाषा हिंदी से प्रायः अनभिज्ञ हैं। किसी दूसरे प्रांत का राजनीतिक व्यक्ति ऐसा नहीं। 1930 के लगभग श्री सुभाष बोस ने लाहौर के विद्यार्थियों के बीच भाषण करते हुए कहा था—''बंगाल के कवि पंजाब के वीरों के चरित्र गाते हैं। उन्हें अपनी भाषा का ज्ञान और गर्व है।'' महात्मा गांधी के लिए कहा जाता है कि गुजराती को उन्होंने नया जीवन दिया है। रवींद्रनाथ ठाकुर बंगला का अनुवाद अंग्रेजी में देते हैं। हमारे यहाँ आपकी तरह के व्यक्ति होते हुए भी साहित्य में नहीं हैं। हिंदी, मैं दावे के साथ कह सकता हूँ, अब पद्य-साहित्य में बड़ी-से-बड़ी जबानों का मुकाबिला करती है—अपने ब्रज-भाषा-साहित्य में तो वह लासानी है।

"बनारस के जिन साहित्यिकों की मंडली में आपने दरबारी कवियों का उल्लेख किया था, उनमें से तीन को मैं जानता हूँ। तीनों अपने-अपने विषय के हिंदी के प्रवर्तक हैं। 'प्रसादजी' काव्य और नाटक-साहित्य के, प्रेमचंदजी कथा-साहित्य के और रामचंद्रजी शुक्ल आलोचना-साहित्य के। आप ही समझिए कि इनके बीच आपका दरबारी कवियों का उल्लेख कितना हास्यास्पद हो सकता है! इन्होंने आपके सम्मान के लिए आपको बुलाया था, इसलिए आपके विरोध में कुछ नहीं कहा। आप जिस दरबारीपन का उल्लेख कर चुके हैं, वह हिंदी-साहित्य से बीसियों साल से दूर है। खड़ी बोली की प्रतिष्ठा के बाद जो काव्य मैदान में पैर रखता और आगे बढ़ता है, उसके साथ दरबारीपन का कोई संबंध नहीं।

"आज बंगला को छोड़कर शायद ही दूसरी भाषा खड़ी बोली के उस काव्य से हाथ मिला सके। उसके प्रसार, कल्पना, उदारता आदि के कारण उसमें अंग्रेजी के छंद तो हैं ही, अंग्रेजी का 'वर्स-लिब्रे' (मुक्त छंद) तक मौजूद है।

"उर्दू ये चीज़ें अभी दे नहीं सकती, तब भी उसे इकबाल पैदा करने का गर्व है। अगर हिंदी की सच्ची जानकारी—उसकी कमजोरी और शहजोरी, दोनों की आपको होती, अगर आप भी हिंदी के साहित्यिकों में एक शुमार किए जाते, तो उस भाषा को कितना बड़ा बल प्राप्त होता। एक तो हिंदी के साहित्यिक साधारण श्रेणी के लोग हैं, एक हाथ से वार झेलते, दूसरे से लिखते हुए; दूसरे आप जैसे बड़े-बड़े व्यक्तियों को मैदान में वे मुखालिफत करते देखते हैं।

"अगर आप या आपकी तरह के व्यक्ति एक भिन्न दृष्टिकोण लेकर दूसरे तौर-तरीके अख़्तियार करते हुए आवाज उठाएँ, तो स्वभावतः बीसियों साल की मारें सहकर एक चीज़ तैयार करनेवाले आदमी जनता को साथ लेने की जगह उनके हाथ से छूट जाते हैं। जनता समझती है कि उसकी तरफ़दारी करने वाले आप उसके सच्चे साहित्यिक हैं, और बीस साल से साहित्य के मैदान में आया हुआ साहित्यिक उसका गैर।

"हमने जब काम शुरू किया था, हमारी मुख़ालिफ़त हुई थी, अब जब हम कुछ प्रतिष्ठित हुए, अपने विरोधियों से लड़ते, साहित्य की सृष्टि करते हुए, तब किन्हीं मानों में आपको मुखालिफ़त करते देखते हैं। यह कम दुर्भाग्य की बात नहीं साहित्य और साहित्यिक के लिए।

"हमने जो नया पौधा लगाया, उसे हवा-पानी, जाड़े और ओले से बचाया, वह अब, कलियाँ लेते वक्त, ऊँटों और हाथियों के झुंड से घिर रहा है।

"जनता की जबान, जो आज जनता की जबान कहलाती है, वह हज़ार साल पहले जनता की जबान न थी। फिर हज़ार साल बाद भी शायद न रहेगी। जो

ब्रज-भाषा एक वक्त तमाम देश की जबान थी, तमाम देश के लोग उस भाषा में बातें नहीं करते थे। आज भी प्रांत-प्रांत, यहाँ तक कि जिले-जिले के हिंदी-भाषा-भाषी की जबान भी जुदा-जुदा है। अगर कोई नई जबान तैयार की जायगी, और उसी से डंके पर चोटें पड़ती रहेंगी, तो खुद-ब-खुद इस तैयार जबान को धक्का पहुँचेगा!

"अभी तक ब्रज-भाषा की ही पढ़ाई अधिक थी। खड़ी बोली में भी पुरानी परिपाटी के लोग ही ज्यादातर पढ़ाए जाते थे। हम वार झेलते हुए सामने आए ही थे कि आपका वार हुआ। हम जानते हैं, हिंदी लिखने के लिए कलम हाथ में लेने पर, बिना हमारे कहे फैसला हो जायगा कि बड़े-से-बड़े प्रसिद्ध राजनीतिक एक जानकार साहित्यिक के मुकाबले कितने पानी में ठहरता है! लेकिन यह तो बताइए, जहाँ सुभाष बाबू, अगर मैं भूलता नहीं, अपने सभापति के अभिभाषण में शरत्चंद्र के निधन का जिक्र करते हैं, वहाँ क्या वजह है, जो आपकी जबान पर 'प्रसाद' का नाम नहीं आता?......मैं समझता हूँ, आपसे छोटे नेता भी सुभाष बाबू के जोड़ के शब्दों में, कांग्रेस में 'प्रसाद' जी पर शोक-प्रस्ताव पास नहीं कराते। क्या आप जानते हैं कि हिंदी के महत्त्व की दृष्टि से 'प्रसाद' कितने महान् हैं ?"

जवाहरलाल एकटक मुझे देखते हुए।

मुझे प्रेमचंद की याद आई। मैंने कहा—"प्रेमचंदजी पर भी वैसा प्रस्ताव पास नहीं हुआ, जैसा शरत्चंद्र पर।"

पंडित जवाहरलालजी ने आग्रह-पूर्वक कहा—"नहीं, जहाँ तक मुझे स्मरण है, प्रेमचंदजी पर तो एक शोक-प्रस्ताव पास किया गया था।"

मैंने कहा—"जी हाँ, यह मैं जानता हूँ, लेकिन उसकी वैसी महत्ता नहीं, जैसी शरत्चंद्रवाले की है।"

इसी समय अयोध्या-स्टेशन आ गया। मैंने कहा—"पंडितजी, अगर मौका मिला, तो आपसे मिलकर फिर साहित्यिक प्रश्न निवेदित करूँगा।"

मैं उठा, पंडित जवाहरलाल कुछ ताज्जुब से जैसे मेरा आकार-प्रकार देखने लगे, फिर जैसे कुछ सोचने लगे। मैंने कहा—"पंडितजी!" आवाज़ गम्भीर। भ्रम समझने वाले के लिए कुछ हेकड़ी-सी लिए हुए। जवाहरलाल ने दृप्त होकर देखा। मेरी निगाह आर.एस. पंडित की तरफ थी। उन्होंने निगाह उठाई। मैं नमस्कार कर, दरवाजा खोल, बाहर निकल आया।[1]

एक रोज एक सम्मेलन में सेनगुप्त महाशय बोले। भाषण ग़रूर से भरा हुआ, बंगाल की उच्चता से अहंकृत। मैंने एक स्लिप लिखकर सम्मेलन के अधिकारियों से पाँच मिनट का समय माँगा। वैसी अशिष्ट वक्तृता के जवाब के लिए, लेकिन

1. नेहरू जी से दो बातें (प्रबन्ध प्रतिमा)

मुझे पाँच मिनट का भी वक्त नहीं दिया गया। उन्होंने किसी सभ्यता के ख्याल से मुझे नहीं रोका, बल्कि डर से रोका। मैं स्पष्ट रूप से समझा कि हिंदी कुछ असाहित्यिकों के हाथों की कठपुतली है—वह भक्तों के हृदय की सप्राण देवी नहीं, लेकिन इसका जवाब मैंने दिया बंगीय साहित्य-परिषद् में।

बंगीय साहित्य-परिषद् विरोधी प्लेटफ़ार्म नहीं था। मैं मंच पर गया। मेरे मंच पर चढ़ने के साथ ही डॉ. सुनीतिकुमार चटर्जी ने ऊँचे शब्दों में मेरी तारीफ की। टंडनजी भाषण देनेवाले सज्जनों के नाम लिख रहे थे। वक्त कम था। टंडनजी ने दो ही नाम निश्चित किए थे। मुझे इनमें से किसी का विश्वास नहीं हुआ कि हिंदी की साहित्यिक मर्यादा साहित्यिकता के द्वारा रक्खेंगे।

मैंने अपना नाम टंडनजी से लिख लेने के लिए कहा। उन्होंने पहले कुछ इन्कार किया कि समय नहीं, लेकिन मेरे आग्रह करने पर लिख दिया, और पंद्रह मिनट का वक्त दिया। मैंने आज की बंगला में प्राचीन हिंदी और नवीन बंगला पर वक्तृता की। उसी समय एक बंगाली महाशय ने हिंदी के विद्वानों को संबोधित करते हुए कहा कि ऐसी विशुद्ध बंगला किसी भिन्न भाषा-भाषी के कंठ से हम लोगों ने नहीं सुनी।[1]

बापू तुम मुर्ग़ी खाते यदि

बापू, तुम मुर्ग़ी खाते यदि,
तो क्या भजते होते तुमको
ऐरे-गैरे नत्थू-खैरे—?—
सर के बल खड़े हुए होते
हिन्दी के इतने लेखक-कवि,
बापू, तुम मुर्ग़ी खाते यदि ?

बापू, तुम मुर्ग़ी खाते यदि,
तो लोकमान्य से क्या तुमने
लोहा भी कभी लिया होता ?
दक्खिन में हिन्दी चलवाकर
लखते हिन्दुस्तानी की छवि,
बापू, तुम मुर्ग़ी खाते यदि ?

---

1. प्रान्तीय साहित्य सम्मेलन, फैज़ाबाद (प्रबन्ध प्रतिमा)

अवांतर

हो गया व्यर्थ जीवन;
मैं रण में गया हार!
सोचा न कभी—
अपने भविष्य की रचना में चल रहे सभी।

सोचा—मैं भी होता
यदि राजपुत्र—मैं क्यों न सदा कलंक ढोता,
ये होते जितने विद्याधर मेरे अनुचर,
मेरे प्रसाद के लिए विनत-शिर, उद्दत-कर;
मैं देता कुछ रख अधिक, किंतु जितने पेपर
सम्मिलित कंठ से गाते मेरी कीर्ति अमर,
जीवन-चरित्र
लिख अग्रलेख अथवा छापते विशाल चित्र।

इतना भी नहीं, लक्षपति का भी यदि कुमार
होता मैं, शिक्षा पाता अरब-समुद्र-पार,
देश की नीति के मेरे पिता परम पंडित
एकाधिकार रखते भी धन पर, अविचल-चित
होते उग्रतर साम्यवादी, करते प्रचार,
चुनती जनता राष्ट्रपति उन्हें ही सुनिर्धार,
पैसे में दस राष्ट्रीय गीत रचकर उन पर
कुछ लोग बेचते गा-गा गर्दभ-मर्दन-स्वर,
हिंदी-सम्मेलन भी न कभी पीछे के पग

रखता कि अटल साहित्य कहीं यह हो डगमग,
मैं पाता खबर तार से त्वरित समुद्र-पार,
लार्ड के लाडलों को देता दावत, विहार;
इस तरह खर्च केवल सहस्र-षट्-मास-मास
पूरा कर आता लौट योग्य निज पिता-पास
वायुयान से, भारत पर रखता चरण-कमल,
पत्रों के प्रतिनिधि-दल में मच जाती हलचल,
दौड़ते सभी, कैमरा हाथ, कहते सत्वर
निज अभिप्राय, मैं सभ्य मान जाता झुककर;
होता फिर खड़ा इधर को मुख कर, कभी उधर,
बीसियों भाव की दृष्टि सतत नीचे-ऊपर;
फिर देता दृढ़ संदेश देश को मर्मांतक,
भाषा के बिना न रहता अन्य भाव प्रांतिक।
जितने रूस के भाव, मैं कह जाता अस्थिर,
समझते विचक्षण ही, जब वे छपते फिर-फिर;
फिर पिता-संग
जनता की सेवा का व्रत मैं लेता अभंग,
करता प्रचार
मंच पर खड़ा हो, साम्यवाद इतना उदार!

(वनबेला)

कितने ही विघ्नों का जाल![1]

'एक साथ जब शत घात-पूर्ण
आते थे मुझ पर तुले तूर्ण।
देखता रहा मैं खड़ा अपल
वह शर-क्षेप, वह रण-कौशल।
व्यक्त हो चुका चीत्कारोत्पल,
क्रुद्ध युद्ध का रुद्ध कंठ-फल[2]

खड़ी बोली की प्रथम कविता की स्वर्ण लंका को छायावाद के मलिनत्व के स्पर्श से बचाने के लिए सरस्वती के 'सुकवि किंकर' महाशय ने छायावाद के कवियों की लांगूलों में आग लगा दी। वे कवि उनके सुदृढ़ गढ़ के कँगूरे ढहाते थे। कर्ण-कटु शब्दों से उनको हैरान करते थे और सोते समय उनकी नासिका के छिद्र में लांगूल करके उन्हें जगा देते थे।[3]

छायावादियों में प्रसादजी का घोड़ा तेज जा रहा था। दिक्कत सिर्फ एक थी—घोड़ा नाजुक था, 'प्रसाद' जी स्थूल! पंत महादेवजी सेठ को लिखने वाले थे—अपना पुराना मोटो बदल दीजिए—'तुंग हिमालय-शैल-शृंग' मुझे लिखिए, चंचल गति सुर-सरिता निराला को। उग्र की प्रतिभा का गैस उड़ गया था। वह लाला भगवानदीन के पास गए थे कि पंप करके फिर साहित्य-संसार में छोड़ दें। कृष्णदेवप्रसाद ने बहुत सोच-समझकर 'प्रसाद' प्रशंसा की सोल एजेंसी ले ली थी, पर अभी तक विशेष फ़ायदा नहीं हुआ था।[4]

काशी हिंदी के सभी वादों की भूमि है। 'प्रसाद' काशी के ही हैं। उनके युवक पाठक शिष्य अनेक शास्त्रियों को बना चुके थे। एक दिन पूछने पर एक ने कहा—"छायावाद का अर्थ है शिष्टतावाद। छायावादी का अर्थ है—सुंदर, साफ वस्त्र और शिष्ट भाषा धारण करने वाला। जो छायावादी नहीं, वह काशी के शास्त्रियों की तरह अँगोछा पहननेवाला है। छायावाद वह है, जिसमें कला के साथ अत्याचार

1. परिमल(स्वागत), 2. सरोजस्मृति, 3. चाबुक(नंददुलारे वाजपेयी), 4. पत्रांश

किया जाता है–तरह-तरह से।"[1]

उन दिनों छायावाद का बोलबाला था, खासतौर से इलाहाबाद में। लड़के पंत के नाम की माला जपते थे–ध्यान लगाए। कितनी लड़ाइयाँ लड़ीं–'प्रसाद', पंत और माखनलाल के विवेचन में। भगवतीचरण बायरन से आगे हैं, पीछे रामकुमार कितनी ताक़त से सामने आते हुए। महादेवी कितना खींचती हैं।

पद्मसिंह शर्मा ने छायावाद पर जो लिखा, उसे पढ़कर एक देहाती कहावत याद आ गई–किसी लड़के ने अपने पिता से कहा–"बाबूजी, मैं भी फफीम खाऊँगा।" पिता ने जवाब दिया–"बेटा, पहले नाम सीख लो, फिर फफीम खाना।"

आचार्य पं. रामचंद्र शुक्ल छायावाद की कविता और उनके कवियों का मजाक उड़ाते थे। साहित्य में इस प्रकार की आवाज प्रचारादि यद्यपि असभ्यता और गँवारपन का परिचय था, परंतु हमारे लिए इसको स्वीकार करने के सिवा दूसरा उपाय क्या था ? शुक्लजी गद्य में लिखते, हम उत्तर देने को तैयार थे। अवश्य पद्य में इस तरह की बकवास करना हम नहीं जानते थे।[2]

मेरे विचार से रामचन्द्र शुक्ल जैसे बहुपठित विद्वान हैं वैसे कवि नहीं हैं। शब्दों की तौल इन्हें मालूम नहीं, न अलंकार का निर्वाह इन्हें आता है।.....पं. रामचन्द्र शुक्ल की 'काव्य में रहस्यवाद' पुस्तक उनकी आलोचना से पहिले उनके अहंकार, हठ, मिथ्याभिमान, गुरुडम तथा रहस्यवादी या छायावादी कवि कहलाने वालों के प्रति उनकी अपार घृणा सूचित करती है। ऐसे 'दुर्वासा समालोचक' कभी भी किसी वृत शकुन्तला का कुछ बिगाड़ नहीं सकते। अपने शाप से उसे चमका दिया है।

हिन्दी के साहित्यिकों का अन्याय सीमा को पार कर जाता है। उन्हें अपनी सूझ के सामने दूसरे सूझते ही नहीं। हमें उनकी आँखों में उँगली कर-करके समझाना है और बहुत शीघ्र वैसे संकीर्ण विचार वालों को उत्तरदायी पदों से हटाकर अलग कर देना है। तभी साहित्य का नवीन पौधा प्रकाश की ओर बढ़ सकेगा।[3]

प्रायः यह शिकायत होती है कि छायावादी कविताएँ समझ में नहीं आतीं, उनके लिखने वाले भी नहीं समझते, न समझा पाते हैं। इस तरह के आक्षेप हिन्दी के उत्तरदायी लेखक तथा संपादकगण किया करते हैं। कमजोरी यहीं पर है। हिंदी में बहुत-से लोग ऐसे भी हैं, जो छायावादी कविताएँ समझते हैं। उन्होंने समर्थन भी किया है। मैं अपनी तरफ से इतना ही कहूँगा कि छायावाद की कविताएँ भाषा-साहित्य के विकास के विचार से अधिक विकसित रूप हैं!

---

1. श्रीमती गजानन्द शास्त्रियी मुकुल की बीबी, 2. मेरे गीत और कला, 3. चाबुक (काव्य साहित्य)

जहाँ-जहाँ उन कविताओं में खूबी आ गई है, वहाँ-वहाँ बहुत अच्छी तरह यह प्रमाण मिल जाता है। जिन स्थानों में धुँधलापन है, भावों का अच्छा प्रकाशन नहीं हुआ, चित्र चमकते हुए नहीं नजर आते, वहाँ सामयिक दुर्बलता है, जिससे आगे बढ़ने की साहित्य तथा साहित्यिकों को जरूरत है। जो लोग यह कहते हैं कि खड़ी बोली की कुछ प्राचीन काल की कृतियों की तुलना में आधुनिक कविताएँ (मेरा मतलब दोनों समय की अच्छी कविताओं से है) नहीं ठहरतीं, मैं उन्हें अत्युक्ति करते हुए समझता हूँ। मुझे दृढ़ विश्वास है यह मेरी नहीं, उन्हीं की अल्पज्ञता है। वे साहित्य के साथ अन्याय करते हैं।[1] हम लोग न छायावाद जानते हैं, न वमनवाद जानते हैं। एक दूसरा रूप कहता है—ऐसा नहीं, भैंसा जैसे उसकी दो साँसें हैं, एक निःश्वास और दूसरा प्रश्वास, दोनों के बीच में न धँड़ास और न फँड़ास, अर्थात् न कविन्यास और न उपन्यास, बस, गतश्वास मौत! यह मौत गधा भी जानता है, इसीलिए काँपता है, यानी मानता है।[2]

अपने चुटीले शब्दों का भंडार बिल्कुल खाली कर दिया है, और कुसूर मेरा कुछ भी नहीं, पर खैर, मैं मुर्गियाँ नहीं हलाल करता फिरता। यहाँ इतना ही कहूँगा, मैं भैंस के आगे बीन नहीं बजाता। आप पर मैंने कई सफ़े रँग डाले थे, पर मेरे अंतर के आईने में जितनी आग है, आप में सहने की उतनी ताब है ?[3]

अस्तु! ईस्वी सन् 1928 का शरत् काल!

गाँव में था, एकाएक श्री नंददुलारे वाजपेयी का हिंदू-विश्वविद्यालय से पत्र मिला, हमारे यहाँ हिंदी-परिषद् में रहस्यवाद और छायावाद पर व्याख्यान दीजिए। श्री नंददुलारे वाजपेयी इस परिषद् के उपसभापति, पं. अयोध्यासिंह उपाध्यायजी सभापति और श्री सोहनलाल द्विवेदी सेक्रेटरी थे। एक ही भाषण मैंने अब तक दिया था, विद्यासागर-कॉलेज, कलकत्ता में। सभापति महामना मालवीयजी थे। श्री जे. एल. बनर्जी के हिंदी-विरोधी धारा-प्रवाह अंगरेजी भाषण के जवाब में बोला था। पूज्य मालवीयजी, जन-मंडली तथा मित्रों से तारीफ पा चुका था, डर छूट चुका था। मैंने वाजपेयीजी का आमंत्रण स्वीकार कर लिया।

इन दिनों छायावाद की जोरों से मुखालिफ़त थी। छायावाद इने-गिने साहित्यिकों का प्रयत्न था। हिंदू-विश्वविद्यालय के छात्र, अध्यापक तथा काशी के साहित्यिक इस व्याख्यान को सुनने के लिए बड़े उत्सुक हुए। हर निगाह में मुझे आग्रह दिखा। काशी चलकर मैं वाजपेयीजी के यहाँ ठहरा। वाजपेयीजी आर्य-भवन में रहते थे। पहले दो-एक बार देख चुका था, खत-किताबत जारी हो चुकी थी, अब नज़दीक से अच्छी तरह देखने का मौका मिला। आर्य-भवन हिंदू-विश्वविद्यालय के बड़े-बड़े

---

1. चाबुक 2. काव्य के विरह में जोशी बन्धु (प्रबन्ध प्रतिमा), 3. मनसुखा का उत्तर

छात्रावासों से दूर, एकांत में, है। हरियाली के बीच में एक तरफ अमरूदों का बग़ीचा, एक तरफ खेत, जो उस समय बाजरे से लहरा रहे थे। सामने, कुछ ही दूर चलने पर, सड़क, आगे महिलाओं का छात्रावास। वाजपेयीजी उस समय एम.ए. फाइनल में थे। और भी कई लड़के आर्य-भवन में रहते थे। दूसरे खुले दिलवाले लड़कों से मालूम हुआ, आचार्य पं. रामचंद्र शुक्ल छायावाद की कविता और उनके कवियों का मज़ाक उड़ाते हैं, यह विद्यार्थियों को पसंद नहीं, इसके जवाब में यह व्याख्यान का ठाट बाँधा गया है, शुक्लजी को वे खासतौर से इसका प्रतिपादन सुनाना चाहते हैं। लड़कों की मंडली में खूब ताश खेले। कभी-कभी छः-छः घंटे पार कर दिए। दो-तीन रोज पहले गया था। 'प्रसाद' जी से मिला। उन्होंने व्याख्यान के दिन मुझे अपने यहाँ ले चलने के लिए वाजपेयी जी से कहा। बात तय हो गई। मैं 'प्रसाद' जी के यहाँ चला आया। 'प्रसाद' जी ने राय कृष्णदासजी की मोटर मँगा ली, और अपनी मंडली लेकर यथासमय चले। उस दिन उन्होंने इत्र से मुझे खूब सुवासित किया। मैंने व्याख्यान के नोट लिख लिए, जो ऐन वक्त पर काम न दे सके, क्योंकि मैं भाव में ऐसा डूबा था कि कागज पर निगाह डालता था, तो कुछ दिखाई न पड़ता था। अच्छी उपस्थिति थी। पूज्य उपाध्यायजी[1] सभापति के आसन पर आसीन थे, वाजपेयी और सोहनलालजी कार्रवाई में उनकी मदद कर रहे थे। छात्र-छात्राओं की अच्छी संख्या थी। सिर्फ पं. रामचंद्र शुक्ल न आए थे। मेरा भाषण लड़कों को पसंद आया। मैं उसे साधारण रूप से सफल हुई वक्तृता समझता हूँ। मुझे याद है, जब भी बोलते वक्त सभा की सामाजिकता का खयाल न था, मैंने कहा था, तीसरे दर्जे का विद्यार्थी एम.ए. का कोर्स क्या समझेगा ? रहस्यवाद और छायावाद की मूल धाराओं को समझने के लिए अध्ययन और मनन की आवश्यकता है—यह काव्य का ज्ञान-कांड है। इस बात से उपाध्यायजी नाराज़ हो गए, और भाषण के बीच में आवश्यक कार्य की आड़ लेकर चले गए। उनके जाने पर वाजपेयीजी सभापति के आसन पर बैठे। वाजपेयीजी ने अपने भाषण में छायावाद को विद्रोहात्मक काव्य-धारा बताया, और नूतनतर उत्थान के रूप में उसकी व्याख्या की, जो विद्यार्थियों को पसंद आई। सभा भले-भले समाप्त हुई।

छायावाद के प्राचीन विरोधियों से लड़कर यदि मैंने छुट्टी पाई, तो सम्मेलन[2] ने मेरे नए विरोधी तैयार किए। अवश्य जान-बूझकर सम्मेलन ने मेरे विरोधी तैयार नहीं किए, लेकिन जहाँ सम्मेलन का यह अज्ञान था, वहाँ मैं ज्ञानपूर्वक सम्मेलन से असहयोग करता रहा।

एक साल मेरे मित्र पं. नंददुलारे वाजपेयीजी सम्मेलन की अंतिम उत्तमा

1. हरिऔधजी, 2. हिन्दी साहित्य सम्मेलन प्रयाग

परीक्षा के परीक्षक थे, समालोचना के। एक बार परीक्षा की कॉपियाँ देखकर सम्मेलन में जमा करने के लिए आए, इलाहाबाद। मैं वहीं था। वहीं ठहरे। मैंने पुलिंदा देखा, तो सोचा कि कोई किताब लिखी है। खोलकर देखा, तो उत्तमा परीक्षा की कॉपियाँ निकलीं। पढ़ने लगा। बड़ा मजा आया, सम्मेलन की उत्तमा परीक्षा के परीक्षार्थियों की मूर्खता पढ़-पढ़कर। एक प्रश्न था, 'प्राचीन रहस्यवाद से आधुनिक छायावाद की तुलना कीजिए।' उत्तर में किसी-किसी विद्यार्थी ने ऐसा भी लिखा था—''कहाँ कबीर का रहस्यवाद और कहाँ आधुनिक छायावाद! यह प्रश्न ही वाहियात है।''

सम्मेलन की यह दुर्दशा, हिंदी (छायावादी कविता) की इस हेठी, साहित्यिकों के इस अपमान और प्रभावित अपरिणामदर्शी राजनीतिकों के प्राधान्य के कारण मुझे क्षोभ हुआ।[1]

ज्यों-ज्यों मैं प्रसिद्धि की सच्ची साधना के विचार से अपने संबंध में चुप रहा, त्यों-त्यों उड़ने की शक्ति प्राप्त करते ही आलोचक शायरी की शमा के चारों ओर समां बाँधते रहे।

मैं तारीफ़वाली बाहरी बातों में पहले से पीछे रहा, किताबों का गेटअप साधारण, तस्वीर नदारद, छपाई मामूली। मेरी तस्वीर तो मेरे साथवालों के बहुत बाद निकली है, वह भी वैसी भड़कीली नहीं, निकली भी पत्रिकाओं में, मेरी पुस्तकों में नहीं। पर हर तरह बचता हुआ मैं बदनामी में पहले रहा। लोगों ने अपना काँवला भूलकर मुझे पीला बतलाया है।

इसके प्रतिकूल मुझे ऐसे मित्र भी मिले, जिन्होंने मेरी तारीफ की। इस स्तुति और निंदा के मार्ग से चलता हुआ वर्तमान काव्यालोचना का रूप वास्तव में पुच्छ-विषाण-हीन नहीं रह पाया। मैं जहाँ तक समझता हूँ, पहले-पहल मेरे मित्र हिंदी के मर्मज्ञ विद्वान् और आलोचक पं. नंददुलारेजी वाजपेयी ने वर्तमान कवियों की बृहत्त्रयी निकाली, भारत में एक लंबी आलोचना लिखी। उनकी आलोचना का दूसरी जगह उदाहरण किया गया। इसके बाद उनके इस पेड़ पर चढ़कर 'फल खात न वारा' बहुतों ने किया, कुछ ने नई बात पैदा की—श्रीमती महादेवी जी को जोड़कर वर्तमान काव्य के चारों पैर बराबर कर दिए। पं. बनारसीदासजी कब पीछे रहनेवाले थे ?

उन्होंने नई सूझ पैदा की। खोज-खाजकर एक पूँछ की कसर पूरी कर दी, अब साबित कर रहे हैं कि काव्य के चतुष्पदतत्त्वों में उनकी पूँछ का ही महत्त्व सबसे ज्यादा है।[2]

---

1. चयन (पं. नन्ददुलारे वाजपेयी), 2. मेरे गीत और कला

"बहु रस साहित्य विपुल यदि न पढ़ा,
मंद सबों ने कहा।
मेरा काव्यानुमान यदि न बढ़ा,
ज्ञान जहाँ का रहा,
रहे, समझ है मुझमें पूरी।"[1]

1. अपरा

हिन्दी के कवि राजनीतिज्ञों से और आगे हैं

सुना, फैज़ाबाद के प्रांतीय साहित्य-सम्मेलन में आचार्य रामचंद्र शुक्लज़ी, माननीय बाबू पुरुषोत्तमदासजी टंडन, माननीय संपूर्णानंदजी सभापति होकर आ रहे हैं। प्रांत की बात, जाने की उत्सुकता हुई। गया और सम्मेलन होने से पहले आदरणीय पं. श्रीनारायण चतुर्वेदीजी के यहाँ मैं ठहरा था—वहीं फैज़ाबाद में। वह सम्मेलन करने का निश्चय कर रहे थे—बहुत दिनों के मुर्दा सम्मेलन को जिलाने के लिए। मुझसे बातचीत की। सभापतियों का जिक्र आया। मैंने आचार्य शुक्ल को ही पूर्ण सम्मेलन का सभापति चुनने की राय दी। उस वक्त बातचीत यही हुई थी कि अखिल भारतवर्षीय और हिंदी-साहित्य-सम्मेलन में प्राधान्य राजनीतिकों का हो रहा है। प्रांतीय सम्मेलन में साहित्यिकों की इज्जत की जाएगी। लेकिन बाद को शुक्लजी सिर्फ साहित्य-शाखा के सभापति बनाए गए थे। पूर्ण सम्मेलन के सभापति चुने गए थे माननीय टंडनजी। मैंने कहा, मेरा व्यक्तिगत विरोध किसी से नहीं। टंडनजी के त्याग, सेवा और उच्च व्यक्तित्व को मैं आदर की दृष्टि से देखता हूँ। यद्यपि यहाँ भी हुआ राजनीतिकों का प्राधान्य मुझे खटका, पर मैं चतुर्वेदी जी से प्रतिश्रुत था। मैं गया।

बहिदृर्विट से सम्मेलन पूर्ण सफल रहा, लेकिन मेरी निगाह में वह एक प्रहसन था। उसे सभापतियों ने ही, राजनीतिक सभापतियों ने, प्रहसन बनाया। स्वागताध्यक्ष आचार्य नरेंद्रदेव थे। काफ़ी जनता थी। पर, अधिकांश स्कूल-मास्टर थे, जो आधुनिक कांग्रेस-सरकार के मातहत हैं। माननीय संपूर्णानंद बोलने के लिए खड़े हुए। बोलना था कला-प्रदर्शनी पर, बोलने लगे कविता पर। कुछ देर तक संयत और शिष्ट भाव से कहते हुए माननीय संपूर्णानंद अंत में राजनीतिक आवेग में आ गए। बोले "लेकिन कवियों को राजनीतिज्ञों का साथ देना है।" मुझसे न रहा गया। एक तो कला-प्रदर्शनी में कविता की चर्चा, फिर कवियों पर राजनीतिक प्रभाव। मैंने कहा—"हिंदी के कवि राजनीतिज्ञों से और आगे हैं।" माननीय संपूर्णानंद ने संयत भाव से अपनी वक्तृता समाप्त की। उनकी वक्तृता लिखी हुई न थी।

दूसरे दिन माननीय बाबू पुरुषोत्तमदासजी, सम्मेलन के सभापति, पधारे। साथ ही स्वागताध्यक्ष आचार्य नरेंद्रदेवजी, माननीय संपूर्णानंदजी और एक-दो एसेंबली के सज्जन थे।

आचार्य नरेंद्रदेवजी ने जनता को संबोधन कर कहा, अलिखित, यही उनका स्वागताध्यक्ष-पद से भाषण था, थोड़े शब्दों में—"आपके यहाँ दो-दो महापुरुष पधारे हुए हैं; एक हैं माननीय बाबू पुरुषोत्तमदासजी टंडन, दूसरे माननीय संपूर्णानंदजी।"

मेरे मन में बड़ी ग्लानि पैदा हुई—वहीं आचार्य रामचंद्र शुक्ल बैठे थे। अगर साहित्यिकों में अन्य कोई महापुरुष नहीं थे, तो साहित्य-विभाग के सभापति आचार्य रामचंद्र शुक्ल तो थे ही; लेकिन आवार्य नरेंद्रदेव ने उनका उल्लेख नहीं किया। उनकी निगाह में दो ही महापुरुष थे। राजनीतिक किस दृष्टि से साहित्यिक को देखता है! आचार्य शुक्लजी उम्र में भी टंडनजी से शायद ही छोटे होंगे। साहित्य में शुक्लजी की ख्याति हिंदी-भाषियों से छिपी नहीं, लेकिन उदार बननेवाले राजनीतिक ने अपने हृदय का भाव व्यक्त कर दिया।

पुरुषोत्तमदास टंडन सभापति के आसन पर बिराजे। जनता ने अपने त्यागी नेता को साहित्य के उच्च आसन पर सुशोभित देखकर हर्ष-ध्वनि की। आदरणीय टंडनजी बोलने के लिए खड़े हुए। उन्होंने देर तक हिंद, हिंदू और हिंदी शब्दों पर भाषण किया। टंडनजी ने बड़ी स्पष्टता से इन शब्दों का इतिहास लोगों को समझाया। टंडनजी के भाषण में इतना ही अंश सुनने लायक—साहित्यिकों के सुनने लायक—था।

भाषण टंडनजी का भी मौखिक था। साहित्य-सम्मेलन के सभापति का भाषण मौखिक हो, यह किसी तरह भी क्षम्य नहीं हो सकता! नेशनल कांग्रेस या प्रांतीय कांग्रेस के सभापति का भाषण कभी मौखिक हुआ है, मुझे मालूम नहीं। यद्यपि फैज़ाबाद में वह अड़तालीस घंटे से कम नहीं रहे होंगे।

टंडनजी हिंदी-हिंदू के प्रसंग पर एक जगह कह रहे थे—"सूर और तुलसी ने इन शब्दों के प्रयोग नहीं किए।" मुझे कबीर की याद आयी। मैंने कहा—"कबीर ने किया है।" टंडनजी कुछ सेकेंड सोचकर बोले—"कबीर ने ? कहाँ, कौन-सा प्रयोग किया है ?" मैंने कहा—"हिंदुन की हिंदुआई देखी, तुरकन की तुरकाई।" टंडनजी ने अपनी वयोज्येष्ठता का उपयोग करते हुए कहा—"मैं हिंदू शब्द पर नहीं, इस समय हिंदी शब्द पर बोल रहा हूँ।" इसके बाद आदरणीय टंडनजी का स्वर बिगड़ना शुरू हुआ। बिगड़ते-बिगड़ते वह इतने बिगड़े कि साहित्यिक शिष्टता का खयाल भी जाता रहा। साहित्य के मंच पर टंडनजी जैसे प्रांत के समादृत व्यक्ति का भाषण के रूप में प्रलाप या अपलाप किसी तरह भी मार्जनीय नहीं हो सकता।

कुछ वर्तमान हिंदी-उर्दू प्रश्नों पर विचार करने के पश्चात्, महात्माजी से मिलने का उल्लेख कर, टंडनजी पूर्ण रूप से राजनीति को प्राधान्य दे चले, जैसे सरस्वती राजनीति की दासी हो। उदार व्यक्ति साहित्य और राजनीति को बराबर महत्त्व देगा। लेकिन साहित्य के मंच पर समवेत साहित्यिकों के सामने राजनीति के महत्त्व की घोषणा उस आसन का अपमान है। टंडनजी द्वारा उस आसन के सम्मान की रक्षा नहीं हुई। इस प्रकार उन्होंने साहित्यिकों का भी अपमान किया। मैं दावे के साथ कहता हूँ, इस प्रांत में राजनीति ने जो काम किया है, उससे अधिक काम साहित्य ने किया है। साहित्यिक उनसे बड़े हैं।

टंडनजी ने एक भी शब्द हिंदी के आधुनिक साहित्य पर नहीं कहा। कम-से-कम जब तक मैं सम्मेलन में था। टंडनजी ने कहा—"आप लोगों को प्रांत के ही दायरे में नहीं रहना चाहिए।" मेरी दृष्टि में यह राजनीतिक का साहित्य-संबंधी पूरा अज्ञान था। जो साहित्य का अर्थ नहीं समझता, ऐसी बात वही कह सकता है। राजनीति भले ही किसी दायरे में रहे, लेकिन साहित्य कभी भी दायरे की भावना में बँधकर सर्वोत्तम नहीं कहला सकता। साहित्य के सामने मनुष्य-मात्र के कल्याण का लक्ष्य है। मुझसे नहीं रहा गया। मैंने पूछा—"आप 'साहित्य' से क्या मतलब रखते हैं ? स्मरण रहे, मैं साहित्य का शब्दगत अर्थ और व्यापक भाव लिए हुए था।" टंडनजी का जवाब जो था, वह संक्षेप में यही कि साहित्य राजनीति का अनुगामी रहा है। वे हिंदी-साहित्य-सम्मेलन में आए थे या टंडन-संपूर्णानंद-नरेंद्र-सम्मेलन में, उन्हें साहित्य से सरोकार था या इन राजनीतिक महापुरुषों को खुश करने से—सहज ही अनुमेय है।

जब मैंने अपनी ही सरस्वती का अपने ही घर अपमान देखा, और उसकी प्रतिष्ठा के लिए आवाज उठाई, तब यह महाज्ञानी जनता-जनार्दन मेरे खिलाफ आवाज उठाने लगे—"चुप रहिए, बैठ जाइए या निकल जाइए!" वहाँ जो लोग थे, वे साहित्य चाहते थे या अपनी रोटी, बहुत साफ़ है। राजनीति ने उन्हें समझदार पुरुष बनाया है या समझदार गुलाम, स्पष्ट है।

मैं चुपचाप बरदाश्त करता रहा। इन आवाज लगानेवालों में स्कूल-मास्टर ही नहीं, कॉलेज के प्रिंसिपल भी थे।

टंडनजी का पारा बहुत चढ़ गया था। एक तो राजनीति और साहित्य के विवेचन में ही घिसट-घिसटकर रह गए थे, और चूंकि खुद राजनीतिक थे, इसलिए राजनीति को प्रधान बनाया था। जैसे सिर हो राजनीति, हृदय धर्म शास्त्र और उपस्थ साहित्य।

इसी गर्मी में टंडनजी यह भी कह गए—"जो चरित्रवान् नहीं, मैं उसका साहित्य नहीं छूता।" चाँद से कलंक धोनेवाले ऐसे बुद्धिमान् वक्ता को मैं देखकर ही रह

गया। महात्मा-पंथी बाबू पुरुषोत्तमदास टंडन चरित्र शब्द का एक मोटा अर्थ लिए हुए भरी सभा में ऐसे बातें कह गए, जैसे वहाँ सब ढपोरशंखी थे। मेरी इच्छा हुई कि कौन चरित्रवान् है, दूसरों की तरह जिसके साथ ईश्वर के यहाँ से पाखाना और पेशाबघर लगा नहीं आया ? मैं उठा और "ऐसी अंड-बंड बातें सुनने का मैं आदी नहीं।" कहकर, सभा छोड़कर चला आया।

सम्मेलन छोड़कर मैं बाहर आया, तो बड़ी मनोरंजिनी घटना हुई। वहाँ कुछ स्वयंसेवक लड़के खड़े थे, उम्र सात-आठ साल से लेकर ग्यारह साल तक, देखकर मुझे टिलटिलाने लगे। मुझे हँसी आ गई, यह सोचकर कि राजनीति ने इन्हें कैसा हेकड़ बनाया है। राजनीति ने हमारे देश की जनता को ठीक ऐसा ही बनाया है। इसी समय त्रिशूलधारी, कांग्रेस के एक कार्यकर्ता महाशय, आ गए। दंडपाणि ने लड़कों को शांत किया, और मुझे एक ताँगे पर लेकर मेरी जगह, चतुर्वेदी पंडित श्रीनारायणजी के बँगले, छोड़ आए। चलते वक्त सम्मेलन छोड़ते वक्त किसी की आवाज मैंने सुनी थी—"आप ठहरिए, टंडनजी बोल चुकें, तब आप जो कुछ कहना चाहते हैं, कहिए।"

मैंने चलते हुए कहा—"कल आचार्य रामचंद्रजी शुक्ल के सभापतित्व में कहूँगा।"

टंडनजी का भाषण समाप्त होने पर लौटे हुए कुछ लोग मिले, उसी बँगले में ठहरे थे।

उनकी रिपोर्ट न लिखना ही अच्छा होगा। दुनिया का दस्तूर है, कुछ तारीफ़ करते हैं, कुछ मुखालफत। जो मेरी निगाह में पंडित थे, उन्होंने बहुत अनुकूल कुछ नहीं कहा। लेकिन मैंने यह भी सुना, किसी-किसी ने टंडनजी से कहा—"बाबूजी, आपका ऐसा भाषण मैंने अन्यत्र नहीं सुना।"

दूसरे रोज एक रिपोर्ट और मिली। कवि श्री 'चोंच' ने टंडनजी को बहुत तंग किया, बल्कि, क़ायदे की चोंचों से टंडनजी घबरा गए, और विषय-निर्वाचनी छोड़कर चलने को हुए। लोगों के समझाने पर रहे।

दूसरे दिन कुछ ऐसा वातावरण बन गया था कि मुझे स्नेह करने वालों ने सम्मेलन जाने से रोका। सम्मेलन का समय आया, एक-एक कर लोग चलने लगे। कुछ देर में मैं अकेला बँगले में रह गया। मैं इसलिए नहीं गया कि उस रोज के सभापति आचार्य शुक्लजी की तबियत कुछ खराब हो गई थी। वह डॉक्टर के यहाँ ले जाए गए थे, लौटे नहीं थे। मैंने सोचा—"अगर शुक्लजी नहीं गए, तो जाना व्यर्थ है। मुझे कुछ भाषण देने की आदत नहीं।"

दवा कराकर शुक्लजी लौटे। मैं उनके कमरे गया। पूछने पर मालूम हुआ,

शुक्लजी पर दमे का दौरा—ऐसा हो जाया करता है, कुछ ठहरकर शुक्ल जी जायेंगे। उन्होंने मुझे अग्रवर्ती होने के लिए भी कहा। मोटर तैयार था। मैं बैठ गया और सम्मेलन आया। शुक्लजी की अनुपस्थिति में टंडनजी सभापतित्व कर रहे थे। टंडनजी के सामने, मंच पर, सभापति के आसन के नीचे, मैं बैठ गया—लोगों के वहीं बैठने का इशारा करने पर। कुछ देर बाद शुक्लजी भी आए और टंडनजी की बगल में बैठे।

आचार्य केशवप्रसाद मिश्र का भाषण हो रहा था, भाषा और लिपि विज्ञान पर। सम्मेलन की समस्त बनी बातों में आचार्य केशवप्रसाद मिश्र का भाषण सर्वोत्तम था—जहाँ तक विद्वत्ता का सवाल था।

फिर दो-तीन पेपर पढ़े गए। इसके बाद मेरी बारी आई। पहले से लिखकर कम से कम समय में मेरा भाषण निश्चित किया जा चुका था। जब घोषणा की गई कि अब अमुक के बाद 'निराला' जी बोलेंगे, त्रिशूलधर रंजित-खद्दरपोश लोकरंजन के लिए गद्गद होकर बोले—"पहले 'निराला' जी अपने कल के कार्यक्रम के लिए प्रायश्चित्त करें, तब बोलें।" लोगों ने सुना। उनकी खामोशी का अर्थ जो हो!

मेरे बोलने के पहले पंडित श्रीनारायणजी चतुर्वेदी ने उठकर लोगों को मेरा परिचय दिया। उनके परिचय में यद्यपि अतिशयोक्ति थी, मुमकिन, सहजोक्ति हो, फिर भी मेरे लिए उनके शब्द हितकर हुए; क्योंकि जनता एकाग्रचित्त हो गई। मेरे लिए सुभीता हुआ। मैंने आदरणीय शुक्लजी और माननीय टंडनजी तथा उपस्थित सज्जनों को संबोधित कर भाषण शुरू किया। मुख्य दो विषय थे—साहित्य का मतलब और आज की बढ़ी राजनीति के मुक़ाबले का साहित्य।

मैंने कहा—"साहित्य दायरे से छूटकर ही साहित्य है। साहित्य वह है, जो साथ है। साहित्य लोक से—सीमा से—प्रांत से—देश से—विश्व से ऊँचा उठा हुआ है, इसीलिए वह लोकोत्तरानंद दे सकता है। ऐसा साहित्य मनुष्य-मात्र का साहित्य है...।" मैंने अपने एक गीत की कुछ पंक्तियाँ सुनाईं। इस भाषण के संबंध में मंच पर ही कुछ विद्वानों की अनुकूल राएँ रहीं। आज मेरे प्रति लोगों में सहानुभूति थी।

पिछले पहर 'हिंदी' वाला प्रस्ताव! वोट लिया गया, प्रस्ताव स्थगित होने के पक्ष में मत अधिक, पर हिंदी-साहित्य-सम्मेलन, प्रयाग पूरी गुटबंदी से आया था। विषय-निर्वाचनी से मेरा नाम निकाला जा चुका था, पर प्रस्ताव पास होने में अड़चन पड़ रही थी। अंत में उन्होंने सत्य-धर्म की शरण ली। आखिर प्रस्ताव हिंदी-साहित्य सम्मेलन के प्रताप से पास हो गया।

शाम को आचार्य नरेंद्रदेव के मकान पर दावत थी। बीच में टंडनजी बैठे थे। मेरी और दुलारेलाल भार्गव की बातें उन तक पहुँच रही थीं। मैंने मित्रवर भार्गवजी से कहा—"हिंदी वालों के एक अदृश्य दुम लगी हुई है।" 'अदृश्य दुम' पर कुछ देर तक वाद-विवाद होता रहा। टंडनजी निर्विकार चित से सुन रहे थे। इसके बाद किसी प्रसंग पर मैंने कहा—"अगर सम्मेलन ने (या राजनीतिकों ने, मैंने कहा था या नहीं) हिंदुओं में मुर्ग़ी खाने का प्रचार किया होता, तो हिंदू-मुस्लिम युनिटी अब तक बहुत मजबूत हो चुकी होती।"[1]

दिए हैं मैंने जगत को फूल-फल,
किया है अपनी प्रभा से चकित चल,
पर अनश्वर था सकल पल्लवित पल,
ठाठ जीवन का वही, जो ढह गया है।
पंक्ति मैं हूँ वह लिखी
नहीं जिसका अर्थ जीवन दह गया है।
मैं अलाक्षित हूँ—यही कवि कह गया है।
स्नेह निर्झर बह गया है
रेत ज्यों तन रह गया है![2]

---

1. प्रान्तीय साहित्य सम्मेलन, फैजाबाद (प्रबन्ध प्रतिमा) 2. अपरा

'इलाहाबाद के पथ पर'[1]

प्रयाग में था, लूकरगंज में, पं. वाचस्पति पाठक के यहाँ। 'लीडर प्रेस' में 'निरूपमा' बेचने गया था। जाड़े के दिन। 1936 का प्रारंभ। चाय पीने की लत है। चाय के साथ हिंदू मिठाई, फल, टोस्ट वगैरा खाते हैं, मैं अंडे ख़ाता हूँ—बायल्ड; हाफ-बायल्ड या पोच, समय रहा तो आमलेट; अंडे बत्तख के नहीं, मुर्ग़ी के। पाठक की माँ मुर्ग़ी का पर देख लें, तो मकान छोड़ दें, लिहाजा सुबह उठकर स्टेशन जाता था, एक मुसलमान की दूकान में। पाठक देखते थे, मैं खाता-पीता था।

जाते-आते रास्ते में बातचीत होती थी, तरह-तरह की। पाठक मुझसे ग्यारह-बारह साल छोटे इस समय, अट्ठाईस और चालीस की पटरी बैठ सकती है। उस समय जब पाठक पाँच के और मैं सत्रह का था, अवश्य कोई साम्य न रहा होगा। मैं 'जुही की कली' का कवि था, और पाठक पहली किताब के पाठक। लेकिन पहले-पहल जब मेरी पाठक से मुलाकात हुई, काशी में—मैं तीस का और पाठक अट्ठारह के। वह मेरे घनिष्ठ, कवि-प्रिय मित्र होकर मिले। मेरी विशेषता मेरे काशी जाने से पहले पहुँच चुकी थी, इसलिए अपने एक मित्र के यहाँ, जिन्होंने एक वेश्या पत्नी-रूप से रखकर सामाजिक श्रेय प्राप्त किया—बड़े भगवद्-भक्त हैं—मुझे मछली पकवाकर खिलाई।

एक रोज़ जब लूकरगंज से हम लोग स्टेशन की तरफ चले, उन्होंने मुझसे पूछा—"कला क्या है ?"

मैंने कहा—"कुछ नहीं।"

पाठक उड़ी निगाह से मुझे देखने लगे। मालूम नहीं, क्या सोचा। मुमकिन, जैसा सब सोचते हैं, उन्होंने भी सोचा हो।

मैंने फिर कहा—"जो अनंत है, वह गिना नहीं जा सकता। इसलिए 'कुछ नहीं' कहा। कला के दो-चार सौ, दो-चार हज़ार, दो-चार लाख, दो-चार करोड़ रूप ही बतलाए जा सकते हैं। पर इससे कला पूरी-पूरी न बतलाई गई। पर एक बोध

1. वह तोड़ती पत्थर

है, उसका स्पष्टीकरण किया जा सकता है, इसी को साहित्यिकों ने 'सत्य', 'शिव' और 'सुंदर' कहकर अपनाया है।

फिर हिंदी के भिन्न-भिन्न अंगों की बातचीत होती रही। हिंदी-भाषियों का मस्तिष्क दुर्बल है, रूढ़ि-ग्रस्त होने के कारण वहाँ नवीन विचारधारा जल्द नहीं प्रवेश पाती, यद्यपि भारतीय समस्त साहित्य का इतिहास समस्त प्रकार की मौलिकता लिए हुए है। हिंदी का समाज-संस्कार अनुरूप न होने के कारण उपन्यास उच्चता तक नहीं पहुँच रहे। काव्य, कहानी, प्रबंध, नाटक—इन सबका लेखक, जो मनुष्य है, वह अनेक रूपों में अभी विकसित नहीं हुआ। बड़ी कमजोरियाँ हैं। फलतः साहित्य अभी साहित्य नहीं हो सका। मैं कहता गया, ये सब नाई हैं, अपनी बरात में ठाकुर बने हुए। कुछ नाम भी गिनाए, कलकत्ते से लाहौर तक। तब तक स्टेशन आ गया। मेरा मुसलमान दुकानदार आदर की दृष्टि से मुझे देखकर अंडे फोड़ने चला। अंडे उबाले हुए रखे थे; मैं बैठ गया। पाठक वहीं दो-चार क़दम इधर-उधर टहलते रहे। कुछ और भी चाय पीनेवाले मुसलमान सज्जन थे।

एक दुबले-पतले प्रायः पचास साल के मुसलमान सज्जन ग़ौर से मुझे देखते रहे। उनकी आँखों के आश्चर्य का मैं चुपचाप आनंद लेता रहा। अंत में उनसे न रहा गया। पूछा—"जनाब पंजाबी हैं ?"

मैंने सोचा, जितनी कम मिहनत हो, अच्छा है कहा—"जी।"

उन्होंने पूछा—"कारोबार करते हैं ?"

मैंने कहा—"जी।"

उन्होंने पूछा—"यहीं ?"

मैंने कहा—"नहीं, लखनऊ में।" मैं अंडेवाली प्लेट उठाकर काँटे से खाने लगा। प्रश्नकर्ता को अभी पूरी-पूरी दिलजमई न हुई थी।

पूछा—"काहे का कारोबार करते हैं ?"

मैंने बिना विचार किए कह दिया—"रेशम का।"

ज्यों मुसलमान सज्जन का आश्चर्य बढ़ा, त्यों ही मैंने भी सोचा—"यार, पंजाब में रेशम की पैदावार कहाँ होती है, कारख़ाने कहाँ हैं, यह तो नहीं मालूम; उधर से पश्मीने आते हैं, जानता हूँ। पेशावर, कश्मीर वगैरा के पश्मीने मशहूर हैं।" बदलकर बोला—"लेकिन मैं स्वीज़रलैंड से रेशम मँगाता हूँ।" कहकर मैं गंभीर भाव से अंडे खाने लगा। सोचा—"स्वीज़रलैंड एक सुंदर देश है, वहाँ रेशम ज़रूर बनता होगा, और न भी बनता हो, तो क्या ?—मियाँ ख़त व खाल से मालूम देते हैं, उन्होंने स्वीज़रलैंड का नाम पहले-पहल सुना है।"

"जनाब का इस्म शरीफ़ ?"

एक बार 'इस्म शरीफ़' शब्द से बड़ा धोखा खाया था। सोचा था, वह 'दौलतख़ाने' का पर्यायवाची है, लेकिन जैसा धोखा मैंने खाया, जवाब सुनकर वैसा ही पूछने वाले ने। मेरे विशुद्ध संस्कृत में दिए गए स्थान-परिचय को उन्होंने नाम-परिचय समझा। तब मैं मेदिनीपुर में रहता था। जानता था, 'पुर' कहूँगा, तो मेरी तरह ये संशय में न रहेंगे। कहा—"मेदिनीदल।" उन्होंने 'जुझारमल' की तरह का एक नाम यह भी होगा, सोच लिया।

इस बार जल्दी-जल्दी मुसलमानी नाम याद करने लगा, तो एक भी नाम न आया। पेट में, 'महम्मद-महम्मद' हो रहा था, लेकिन कहने की हिम्मत नहीं पड़ती थी। बंकिमचंद्र की याद आई। उन्होंने अपने एक हिंदू पात्र से 'महम्मद' के नाम एक प्रेम-पत्रिका शाही कैंप में भिजवाई है। इस निश्चय से कि इस नाम का कोई सैनिक अवश्य होगा। वहाँ कई महम्मद निकले। एक दूसरे से लड़ने लगे। नाम बताने में ज़रा भी देर शंका पैदा करती है। मुझे नाम तो न याद आया, पर समझ ने मेरा साथ न छोड़ा। मुँह का अंडा निगला जा चुका था, पर मैं मुसलमान सज्जन की ओर मुँह किए विराट् रूप से मुँह चलाए जा रहा था। सिर हिलाता हुआ उन्हें आश्वासन दे रहा था कि ज़रा देर ठहर जाइए। फिर भी नाम न आया। अंत में बड़ी मुश्किल से एक शब्द याद आया, पर वैसा नाम मैंने स्वयं कभी नहीं सुना। उधर मियाँ का धैर्य छूट रहा था—मेरी पाँगुर बंद नहीं हो रही थी।

मैंने कहा—"जनाब, मुझे वकूफ़हुसैन कहते हैं।" मियाँ उसे और मुलायम करके बोले—"उकूफ़हुसैन ?"

मैंने कहा—"जी।"

मियाँ बढ़े। मैंने चाय पीना शुरू किया। पाठक पीछे थे। शायद सामने से ज़्यादा हँसी आती थी।

जब चाय पीकर, दाम देकर चला, तब, रास्ते में, पाठक ने मुझसे कहा—"आपने 'वकूफ़' शब्द का एक अक्षर छोड़ क्यों दिया ?"

मैंने बैसवाड़ी में कहा—"तुम थे, इसलिए।"[1]

---

1. कला की रूपरेखा(सुकुल की बीवी)

देखा संसार वस्तुतः असार

उन दिनों ज़्यादा बातचीत नहीं करता था, मौन रहता या अपने आप से बोलता रहता था। अपना अलग हिसाब-किताब रखता था, न किसी का राज़ लेता, न अपना देता। हमने वस्त्रों से तो नहीं, पर मन से वैराग्य ग्रहण कर लिया। विजयादशमी से वस्त्रों में गेरू का रंग चढ़ा। महादेवीजी का आग्रह था कि हम संसद[1] में रहें। हमने स्वीकार कर लिया। इस बीच हम घायल हो गए। रायबरेली के अस्पताल में थे। उँगलियाँ बिल्कुल मुर्दा हो गई थीं। बस, नाक ऊँची रही। घायल होने के कारण और कुछ नहीं, दूसरे का सूत उलझा होगा।

हमने संन्यास ले लिया क्वार सुदी एकादशी[2] को। उसी अपने बँगले में संन्यास लिया। कुछ दिन में घर छोड़ा। हिसाब लाखों का छोड़ा। सोचा, अब ठीक है। जहाँ पहुँचेंगे, किसी नीम-पीपल के नीचे बैठ जायेंगे, दो रोटियाँ माँगकर खा लेंगे और गीत लिखने लगेंगे। लेखनी को लेकर जो हाथ उठा था, अब वह माला की सुमिरिनी पकड़ना चाहता था।[3]

हुए दुर्बल क्रमशः ये हाथ,
दूसरे और न कोई साथ।[4]

- दुखता रहता है अब जीवन—
  पतझड़ का जैसा वन-उपवन।[5]
- भग्न तन, रुग्ण मन, जीवन विषण्ण बन।
  क्षीण क्षण क्षण देह[6]
- व्यर्थ हुआ जीवन यह भार।
  देखा, संसार वस्तुतः असार।[7]

---

1. साहित्य-संसद भवन, प्रयाग, 2. अक्टूबर 1949 ई., 3. पत्रांश, 4. परिमल, 5. आराधना, 6. गीतगुंच, 7. गीतिका

मैंने मैं शैली अपनाई!

देखा एक दुखी निज भाई,
दुख की छाया पड़ी हृदय पर,
झट उमड़ वेदना आई;
मैंने 'मैं' शैली अपनाई।[1]

बारह साल तक मकड़े की तरह शब्दों का जाल बुनता हुआ मैं मक्खियाँ मारता रहा। मुझे यह ख़याल था कि मैं साहित्य की रक्षा के लिए चक्र-व्यूह तैयार कर रहा हूँ, पर लोगों को अपने फँस जाने का डर होता था, इसलिए इसका फल उल्टा हुआ। जब मैं उन्हें साहित्य के स्वर्ग चलने की बातें कहता था, तब वे अपने मरने की बातें सोचते थे, यह भ्रम था। इसीलिए मेरी क़द्र नहीं हुई। मुझे बराबर पेट के लाले रहे। पर फ़ाक़ेमस्ती में भी मैं परियों के ख़्वाब देखता रहा—इस तरह अपनी तरफ़ से मैं जितना लोगों को ऊँचा उठाने की कोशिश करता गया, लोग उतना मुझे उतारने पर तुले रहे।

मैंने दूसरे मित्रों को देखा। वे पहले फटीचर थे, पर अब अमीर हो गए हैं, दो मंज़िला मकान खड़ा कर लिया है, मोटर की सैर करते हैं। मुझे देखते हैं, जैसे मेरा-उनका नौकर-मालिक का रिश्ता हो। नक्की स्वरों में कहते हैं—"हाँ, अच्छा आदमी है, ज़रा सनकी है।" वे उतनी दूर बढ़ गए हैं, मैं जिस रास्ते पर था, उसी पर खड़ा हूँ। मैं कविता लिखने की कोशिश करके ही बिगड़ा हूँ।

एक दिन होटल[2] के बरामदे में एक आराम-कुरसी पर पैर फैलाकर लेटा हुआ इस तरह के विचारों से मैं अपनी किस्मत ठोंक रहा था। बड़े होने के ख़याल से मेरी नसें तन गईं। सड़क की तरफ़ बड़े गर्व से देखा। मेरी नज़र एक स्त्री पर पड़ी। उसे देखते ही मेरे बड़प्पनवाले भाव उसी में समा गए, और फिर वहीं छुटपन सवार हो गया। उस स्त्री की बाबत पूछा, पता चला, वह पागल है और गूँगी भी। हम लोगों की थालियों से बची रोटियाँ उसे दे दी जाती हैं। उसका बच्चा रास्ते

1. परिमल, अधिवास, 2. भार्गव-मैजेस्टिक होटल, लखनऊ

के ख़्वाहिशमंद का सबूत है। मेरी बड़प्पनवाली भावना को इस स्त्री के भाव ने पूरा-पूरा परास्त कर दिया। मेरी आँखों को उसमें वह रूप देख पड़ा, जिसे मैं कल्पना में लाकर साहित्य में लिखता हूँ।

पगली का ध्यान मेरा ज्ञान हो गया। एक दिन शहर में पल्टन का प्रदर्शन हो रहा था। मैं बरामदे में नंगे बदन खड़ा सिपाहियों को देख रहा था। मेरी तरफ देखकर सिपाही मुस्कुराए।

मेरे बालों के बाद मुँह की तरफ़ देखकर लोग मुझे 'मिस फ़ैशन' कहते थे।

थिएटर, सिनेमा में यह संबोधन दशाधिक बार एक ही रोज़ सुनने को मिला था। रास्ते पर भी छेड़खानी होती थी। मैं कुछ बोलता नहीं था, क्योंकि सबसे अच्छा जवाब था, बालों को कटा देना, पर ऐसा करता, तो दूसरे को समझ की खुराक न मिलती। मैं सोचता हूँ—'आवाज कसनेवालों पर एक हाथ रखूँ, तो छठी का दूध याद आ जाय।' सिपाही भी 'मिस फ़ैशन' से खुश हो रहे थे। मेरे ग्रीक-कट पाँच फुट साढ़े ग्यारह इंच लंबे, ज़रूरत से ज़्यादा चौड़े और चढ़े मोढ़ों के कसरती बदन को देखकर किसी को आतंक नहीं हुआ।

कई महीने हो गए। आदान-प्रदान से पगली की मेरी गहरी जान-पहचान हो गई। मेरी-उसकी घनिष्ठता बढ़ गई। वह मुझे अपना परम हितकारी मानने लगी।

एक दिन हम लोग ब्लैक कुइन खेल रहे थे। शाम को पानी बरस चुका था। हम लोगों ने खाना खाकर खेल शुरू किया था। फुटपाथ पर मेज़ और कुर्सियाँ डाल दी गई थीं। दस बज चुके थे। पगली बच्चे को सुलाकर कहीं बाहर गई थी। उसका बच्चा सोता हुआ, करवट बदलकर, दो हाथ ऊँचे बरामदे से नीचे फुटपाथ पर आ गिरा और ज़ोर से चीख़ उठा। मेरे साथ के खिलाड़ी आलोचना करने लगे। मैंने उस बच्चे को दौड़कर उठा लिया। मेरे एक मित्र ने कहा—"अरे, यह गंदा रहता है।" मैं गोद में लेकर उसे हिलाने लगा। उतनी चोट खाया हुआ बच्चा चुप हो गया, क्योंकि इतना आराम उसे कभी नहीं मिला था। वह सुख की गोद में पलकें मूँदकर सो गया। मैंने उसे सावधानी से सुला दिया।

एक रोज, रात बारह बजे, ज़ोरों का जाड़ा। रास्ते से पिल्ले की-सी कूँ-कूँ सुन पड़ी। मैं एक कहानी समाप्त करके सोने का उपक्रम कर रहा था। होटल में और सब लोग सो चुके थे। मैं नीचे रास्ते के सामनेवाले कमरे में रहता था। होटल का दरवाज़ा बंद हो चुका था, पर मैं अपना दरवाज़ा खोलकर बाहर गया। देखता हूँ, एक पाया हुआ मामूली काला कंबल ओढ़े, बच्चे को लिए, पगली फुटपाथ पर पड़ी थी। हाड़ तक छिद जाने वाले जाड़े से काँपकर वह करुण स्वर से रो रही थी। जमीन पर एक फटी-पुरानी, ओस से भीगी कथरी बिछी, ऊपर पतला कंबल।

मेरे पास जो ओढ़ना था, वह मेरे लिए भी ऐसा नहीं कि खुली जगह सो सकूँ। ईश्वर ने मुझे केवल देखने के लिए पैदा किया है। कुछ दिनों के बाद होटल तोड़ दिया गया। मुझे ख़याल आया, अब पगली की रोटियाँ भी गईं। मैं किराए के दूसरे मकान में चला आया। मेरे साथ मेरे मित्र कुँअर साहब[1] भी आए। एक रोज़ पगली का हाल सुनकर उनके मामा साहब एक नफ़ीस बारीक कंबल दे गए। कुँअर साहब अपनी रज़ाई देने के लिए देकर बड़े दिनों की छुट्टियों में घर गए। मैं रज़ाई लेकर पगली को उढ़ा आया।[2]

प्रयाग में एक दिन स्टेशन के अहाते में मदरासियों का एक दल बैठा हुआ देख पड़ा। इतने ही में उनमें से एक आदमी, उम्र पैंतालीस के लगभग, भौंरे का रंग, खासा मोटा-तगड़ा, एक लँगोटी से किसी तरह लाज बचाए हुए, उतने जाड़े में नंगा बदन, दौड़ा हुआ मेरे पास आया, और एक साँस में इतना कह गया कि मैं कुछ भी न समझा। मैंने फिर पूछा। टूटी-फूटी हिंदी में पूरे उच्छ्वास से वह फिर कहने लगा। इस बार मतलब मेरी समझ में आया। वह यात्री है, मदरास का रहनेवाला। कुंभ नहाने आया था यहाँ चोर कपड़े-लत्ते, माल-असबाब उठा ले गए। गठरियों में ही रुपए-पैसे थे। वह अब (अपने आदमियों के साथ) हर तरह लाचार है, दिन तो किसी तरह धूप खाकर, भीख माँगकर पार कर देता है, पर रात काटी नहीं कटती। जाड़ा लगता है। वह एक दृष्टि से मेरा मोटा खद्दर का चादर देख रहा था। मैं विचार न कर सका, उतारकर दे दिया। वह मारे आनंद के दौड़ा हुआ अपने साथियों के पास गया, और इस महादान की तारीफ़ करने लगा, मेरी तरफ़ उँगली उठाकर बतलाता हुआ।

पाठक संसार के चक्रांत की बातें सोच रहे थे—देश दुर्दशा-ग्रस्त है, इसलिए कितने चक्कर रोज़ देशवासियों को खाने पड़ते हैं—कितने लोग उन्हें छलते रहते हैं कितने प्रकार प्रचलित हैं। मुझसे बोले—"आखिर आपने अपना बतलाया नाम यहाँ सार्थक कर दिया न? यह अभी दोपहर को, गुदड़ी बाज़ार में, चार आने में यह चादरा बेचेगा।"

मैंने कहा—"धोखा भी हो सकता है, और इसकी बात सच भी हो सकती है। यह मदरास से यह सोचकर चला नहीं होगा कि गुदड़ी बाजार में कपड़ा बेचेगा।"

पाठक अप्रसन्न होकर बोले—"मैं आपके देने का विरोध नहीं करता, लेकिन..."

मेरे पास कपड़े कम रहते हैं, कम थे, लेकिन के बाद वह इसी भाव की पूर्ति करना चाहते थे, पर रुक गए।

---

1. डॉ. कुँअर चंद्र प्रकाश सिंह 2. देवी

हम लोग लूकरगंज आए। धीरे-धीरे दो महीने बीते। लखनऊ-कांग्रेस के समय सत्ताइस मार्च को, वह मेरे साथ लखनऊ आये। और मेरे मकान में ठहरे। धीरे-धीरे कांग्रसे का समय आया। उनके दो मित्र, जो मेरे भी मित्र हैं, आकर ठहरे। जहाँ तक बिना टिकट के देखा जा सकता था, मैंने घूम-फिरकर कई रोज़ देखा। दो-तीन रुपए प्रदर्शनी देखने और महात्माजी के व्याख्यान सुनने में खर्च किए। प्रदर्शनी के कवि-सम्मेलन में नहीं जाता, यहाँ भी नहीं गया। जो कुछ हुआ, संवाद मालूम कर लिया। सब्जेक्ट-कमेटी की बैठकें देखने की इच्छा थी, पर वह दृश्य अप्सराओं के नृत्य देखने से भी महँगा था। पाठक बोले—"मेरा पास लेकर देख आइए।"

मैंने कहा—"वहाँ बहुत से लोग होंगे, जो मुझे पहचानते होंगे। फिर प्रेस-रिपोर्टरों की जगह मुझे कोई अपने पास से भी कुछ देकर बैठने के लिए कहे, तो मैंने बैठूँ।"

पाठक लड़ने लगे। बोले—"वह सबसे बढ़िया जगह होती है।"

मैंने कहा—"होगी। मैं न जाऊँगा।"

कांग्रेस शुरू हुई। पहले दिन मैं न गया। आगे भी जाने का विचार न था। कारण, प्रेस-रिपोर्टर की हैसियत से जाना मुझे पसंद न था, और तीन दिन तक दाम खर्च कर जाने में अड़चन थी! प्रयाग से ढाई सौ रुपए ले आया था। प्रायः सब खर्च हो चुका था, कई महीने के बाक़ी मकान-किराए और भोजन के खर्च में।

दूसरे दिन जब कांग्रेस की बैठक शुरू होने को हुई, मेरे मकान से लोग चलने को हुए, तो मैं सोने का सुभीता करने लगा।

जो मारवाड़ी सज्जन आए हुए थे, उन्होंने कहा—"निरालाजी, मैं कई दिनों से देख रहा हूँ, आप बहुत सोते हैं।"

मैंने कहा—"हाँ, यह तो है, पर जब जागता हूँ, तब पंद्रह-पंद्रह रात लगातार नहीं सोता।"

मारवाड़ी सज्जन हँसे। बोले—"चलिए।"

मैं बड़े संकट में पड़ा, कैसे कहूँ, मेरे पास खर्च की कमी है। कहा—"कांग्रेस में बड़ी गर्मी है।"

"हाँ, पर हवा अच्छी चलती है।" मारवाड़ी सज्जन बड़े मज़ेदार आदमी मालूम दिए। मैं उनके उत्तर पर मुस्कुरा रहा था, तब तक एक पच्चीस रुपए का टिकट निकालकर उन्होंने कहा—"यह टिकट आपके लिए है।"

मैं चला। मैं और मारवाड़ी सज्जन एक ही जगह पर थे। वह जगह कुछ ऊँची थी। कुछ दूर पर बड़े-बड़े नेता और नेत्रियाँ। देखा, एक-एक छोटी मेज़ के पीछे प्रेस-रिपोर्टर बैठे थे। पं. दुलारेलाल भार्गव, ठाकुर श्रीनाथसिंह आदि-आदि

परिचित-अपरिचित। श्रीमती कमला चट्टोपाध्याय को मैं गौर से देख रहा था। उन्हें पहले ही पहल देखा था। कभी-कभी श्रीमती सरोजिनी नायडू से बातें करती थीं, उठकर उनके पास जाकर। रह-रहकर उस समर्पण की याद आ रही थी, जो मिस्टर चट्टोपाध्याय ने अपने एक अंग्रेजी पद्य-संग्रह का किया है, इस तरह का मेरे जीवन की प्रथम सूर्य-किरण 'क' को। फिर इस राजनीतिक जीवन के घोर परिवर्तन पर सोच रहा था, जहाँ दोनों एक दूसरे के काव्य के विषय नहीं—जीवन के अंतरंग नहीं, स्पर्द्धा के विषय हो गए हैं।

शाम को बाहर निकला। एकाएक एक ऊँची आवाज़ आई। देखा, एक स्वयंसेवक दौड़ा आ रहा है स्वयंसेवक की वर्दी पहने हुए। मुझे देखकर, दोनों हाथ उठाकर फिर उसने हर्षध्वनि की। मुझे ऐसा मालूम देने लगा, जैसे उसे स्वप्न में भी कभी देखा हो। मुझे पहचानता हुआ न जानकर उसने आनंदपूर्ण लड़खड़ाती हिंदी में कहा—"मैं वही हूँ, जिसे आपने चादरा दिया था।"

मुझे कला का जीवित रूप जैसे मिला। प्रसन्न आँखों से देखता हुआ मैं तत्काल कुछ कह न सका। संयत होकर बोला—"आप कांग्रेस में आ गए, अच्छा हुआ।"

उसने कहा—"फिर मैं वहाँ स्वयंसेवकों में भरती हो गया।"

प्रसन्न चित्त बाहर निकलकर मन में मैंने कहा—"पाठक मिलें, तो बताऊँ, कैसे गुदड़ी बाज़ार में इसने चादरा बेचा।"

कई दिन हो गए। कांग्रेस खत्म हो गई। पाठक वगैरा चले गए। मैं शाम को कैसरबाग में टहल रहा था कि वह मनुष्य मेरी ओर तेज कदम आता देख पड़ा, मैं खड़ा हो गया। मेरे पास आकर उसने कहा—"अब गरमी बहुत पड़ने लगी है। देश जाना चाहता हूँ। रेल का किराया कहाँ मिलेगा ? पैदल जाना चाहता हूँ।"

मैंने बीच में बात काटकर कहा—"क्या कांग्रेस के लोग आपकी इतनी-सी मदद नहीं कर दे सकते?"

उसने कहा—"नहीं, कांग्रेस का यह नियम नहीं। मैं मिला था। मुझे यह उत्तर मिला है। खैर, मैं भीख माँगता-खाता पैदल चला जाऊँगा। पर" ...अपने पैरों की ओर देखकर कहा—"गरमी बहुत पड़ती है, पैर जल जाते हैं, अगर एक जोड़ी चप्पल ले दें।"

मुझ पर जैसे वज्रपात हुआ। मैं लज्जा से वहीं गड़ गया। मेरे पास तब केवल छः पैसे थे। इससे चप्पल नहीं लिए जा सकते। अपने चप्पल देखे, जीर्ण हो गए थे। लज्जित होकर कहा—"आप मुझे क्षमा करें, इस समय मेरे पास पैसे नहीं हैं।"

उसने वीर की तरह मुझे देखा। फिर बड़े की तरह आशीर्वाद दिया, और मुस्कुराकर अमीनाबाद की ओर चला। मैं खड़ा-खड़ा उसे देखता रहा, जब तक वह

दृष्टि से ओझल नहीं हो गया।[1]

अपने आँसुओं स्वतः बिंबित
देखे हैं अपने ही मुख-चित![2]

- ठहरो अहा, मेरे हृदय में है अमृत मैं सींच दूँगा।
  अभिमन्यु जैसे हो सकोगे तुम
  तुम्हारे दुःख मैं अपने हृदय में खींच लूँगा।[3]

---

1. कला की रूपरेखा (सुकुल की बीवी), 2. सरोजस्मृति, 3. परिमल (भिक्षुक)

अध्याहार

बैठा हुआ देखता हूँ–
स्वप्नहीन जीवन है।
एक दिन लग्न था मैं
गिनता हुआ गगन कुसुम
खिले हैं जो कविता की क्यारियों में।
गृह की छाया में, बड़ी पक्ष्मल आँखों वाली
गौरी वनिता के साथ विद्या विनोद में
सारी रात काट दी
संगीत कौशल में।
पण्डित है पुम आज!
मैं अपत्र महीरुह
स्वप्न रस जीवन में
स्वप्न शेष भोर जैसे
घोर जरा, सम्मुख की
काष्ठा में बैठा हुआ।[1]

1. रहो तुम (निराला रचनावली)

जला है जीवन यह आतप में दीर्घकाल![1]

इस समय तुलसीदास की याद आ रही है, जिन्होंने लिखा है–

"जो अपने अवगुन सब कहऊँ, बाढ़ै कथा पार नहिं लहऊँ;
ताते मैं अति अलप बखाने, थोरे मँह जानिहहिं सयाने।"[2]

- "वैसे ही मैंने अपना सर्वस्व गँवाया!
रूप और यौवन चिंता में, पर क्या पाया
विफल हृदय हो आज दुख ही दुख देखता।[3]
- देह चाहता है सुख संगम
चित्त विहंगम स्वर मधु धार।
हँसी हिंडोला झूठ चाहता
मन जाना दुखसागर पार।[4]
- देख चुका जो-जो आए थे / चले गए!
मैं ही क्या, सब ही तो ऐसे / छले गए!
मेरे प्रिय, सब बुरे गए, सब / भले गए![5]
- दुरित दूर करो नाथ
अशरण हूँ गहो हाथ।
हार गया जीवन रण
छोड़ गए साथी जन
एकाकी नैश क्षण
कंटक पथ विगत पाथ![6]
- मन का समाहार, करो विश्वाधार!
कोई नहीं और, एक तुम हो ठौर
दूर सब जन पौर, करो भव से पार![1]

---

1. उक्ति (अनामिका), 2. कुल्लीभाट, 3. विफल वासना (परिमल), 4-6. परिमल

जय तुम्हारी देख भी ली
रूप की, गुण की, रसीली।
　　वृद्धि हूँ मैं, ऋद्धि की क्या,
　　साधना की, सिद्धि की क्या,
खिल चुका है फूल मेरा
पंखड़ियाँ हो चलीं ढीली
　　चढ़ी थी जो आँख मेरी,
　　बज रही थी जहाँ भेरी,
वहाँ सिकुड़न पड़ चुकी है।
जीर्ण है वह आज तीली।
　　आग सारी फुँक चुकी है,
　　रागिनी वह रुक चुकी है,
स्मरण में है आज जीवन
मृत्यु की है रेख नीली।

●●●

1. आराधना